Capitaine Charles JACOB
DU 109e D'INFANTERIE

Discours d'un Capitaine à ses soldats

Préface de M. Pierre BAUDIN

R. CHAPELOT & Cie
30, Rue Dauphine
1906

Discours d'un Capitaine à ses soldats

Capitaine Charles JACOB
DU 109e D'INFANTERIE

scours
un Capitaine
à ses soldats

Préface de M. Pierre BAUDIN

R. CHAPELOT & Cie
30, Rue Dauphine
1906

PRÉFACE

Rien n'est plus dangereux pour une idée que d'être empoignée par la mode. Elle subit alors les déformations les plus étranges. Les uns l'adoptent par snobisme, pour faire comme tout le monde et la portent selon un style banal, sans se soucier d'y conformer leur conscience et leurs actes. D'autres la revêtent pour faire leur cour aux puissants du jour et mettent à la proclamer ce défaut d'intelligence et de tact qui, heureusement pour les hommes de caractère, distingue toujours les âmes serviles des autres. Un certain nombre, plus hypocrites, lui impriment une figure outrancière, excessive, et n'en présentent que la caricature. Quels sont, entre tous, ses plus redoutables ennemis? Il serait difficile de le dire à ceux que la vie a mis en garde autant contre les sots que contre les fourbes.

L'idée que l'éducation du soldat doit être la préoccupation constante des officiers a subi le sort des idées à la mode. Et elle aurait couru tous les risques d'une aventure si elle ne s'imposait avec la même force que le principe même de l'existence de l'armée. Une première erreur a failli la compromettre: quelques esprits, trop prompts à considérer dans les manifestations pacifiques de ce temps l'accord des Etats à condamner la guerre, ont demandé à l'armée de se transformer en un vaste cours d'adultes, en une œuvre post-scolaire étrangère au but de toutes les armées, c'est-à-dire étrangère à la préparation de la guerre. On a voulu faire de l'officier un pédagogue parlant de tout et faisant la classe.

De là à lui tracer des programmes, en ce pays où tout enseignement se dogmatise et tourne vite le dos à la pratique des choses, il n'y avait qu'un pas. Pour un peu on eût décrété l'institution d'un diplôme spécial, d'un parchemin de la caserne républicaine qui eût fait sortir des Invalides l'ombre de Napoléon.

Un plus grand nombre de personnes, et parmi elles beaucoup d'officiers, croient que l'éducation du soldat devait, tout en visant à former l'esprit militaire, rester indépendante du métier proprement dit. Elle se ferait dans un compartiment à part de la vie courante. L'officier resterait un supérieur dominant de très haut ses hommes, accomplissant strictement son devoir de les dresser et de les commander dans la cour, pendant les exercices sur le champ de manœuvres, partout où officiellement, si je puis dire, il doit être à leur tête. Puis, à certains jours, il viendrait, solennel, leur faire des conférences plus ou moins à leur portée.

Enfin, il s'est trouvé dans l'armée quelques chefs qui, troublés dans la conception de leur rôle par l'idée à la mode, se sont jetés sur elle pour l'embrasser ou l'étrangler, on ne sait, et ont ordonné l'éducation à jet continu. Les officiers devaient être des façons de démagogues perdant toute distance de leurs hommes et oubliant leur autorité dans une familiarité de mauvais aloi. Je n'ai point à souligner ici le caractère équivoque de cette dernière thèse. L'esprit républicain a connu, à toutes les époques, le danger de ces dévouements tapageurs.

Ce sont là des choses qui touchent plus à la politique qu'à l'art militaire et sur lesquelles chacun peut se faire aisément une opinion suivant ses tendances personnelles. En cette courte préface, je ne veux m'adresser qu'aux officiers réfléchis, qui considèrent avec gravité les devoirs que leur impose la grande et nécessaire confusion qui s'opère de la nation avec l'armée.

Quand on prétend leur demander de se faire les continuateurs des instituteurs, on se trompe si l'on veut dire par là qu'ils ont pour tâche de compléter l'enseignement de l'école ; on a raison si l'on pense que rien dans l'éducation militaire n'est contraire à l'éducation civique et que l'une complète nécessairement l'autre. Mais, que faut-il en conclure? Que l'officier doit prendre l'allure, le ton et le sujet du pédagogue ; nullement ; qu'il doit procéder uniquement par conférences et leçons ; pas davantage. En vérité, l'officier doit rester officier. Il sera l'officier de l'armée démocratique, d'une armée où chacun, riche ou pauvre, savant ou presque illettré, vient passer le même temps, où toutes les conditions se trouvent confondues et dont la force doit émaner de cette discipline solidaire.

En quoi cet officier actuel doit-il différer de ses anciens? En dévouement? non, les officiers de tous les temps ont dû inspirer confiance et affection à leurs troupes. Il en diffère forcément comme un patron d'aujourd'hui diffère d'un patron de jadis, comme un ouvrier de 1905 diffère d'un ouvrier de 1800. Les hommes ont changé de rapports. La masse est devenue assez intelligente pour vouloir comprendre : elle donnait sa confiance par obéissance et préjugé ; elle ne l'octroie maintenant que par raison et affection.

Voici les conséquences de cette transformation. L'officier ne doit, ne peut viser qu'à former des soldats. Il n'a point à tenter d'être autre chose que lui-même, et à faire un autre métier que celui auquel il s'est donné.

De cette manière il ne mettra jamais sa conduite en contradiction avec les règlements qui édictent cette règle supérieure : « La préparation à la guerre est le but unique de l'instruction des troupes. » Et, d'autre part, il reliera tous les actes de sa vie par une unité très forte, une harmonie sans laquelle, où qu'on soit, quoi qu'on fasse, on risque de se laisser égarer dans la fantaisie ou le désordre.

La préparation à la guerre, est-ce donc

là un mobile qui suffise à rendre l'officier bon, humain, prévenant pour nos soldats? Est-ce dans ce but unique qu'il s'imposera la tâche de leur parler, de s'intéresser à leur sort, à la formation de leur esprit et de leur cœur? Pour la guerre et la guerre seule, va-t-il cultiver leur sensibilité et les connaissances générales qu'ils ont reçues de leur famille et de leurs maîtres? Oui, certes, tout cela en vue de la guerre.

La guerre s'est perfectionnée, hélas! non l'humanité. Elle emprunte au fonds humain toutes les ressources d'énergie, de science, de sensibilité et de culture générale, que la vie lui apporte. La guerre, c'est de la vie exagérée.

Il est inutile d'en dire plus, pour montrer à l'officier quelle charge pèse sur lui de nos jours. Son moyen essentiel de commandement, c'est la confiance des troupes, et la confiance ne vient qu'à ce lui qui la mérite et a souci de la conquérir. Il fera l'éducation des hommes non point en quelques heures de conférences à la chambrée, mais par tous ses actes de chef, par son exemple, par sa bonté non affectée, par une simplicité imposant le respect, par le souci de leur santé morale et de leur santé physique.

Le livre, que j'ai le grand honneur de présenter au public, n'est donc pas, dans l'intention de son auteur, une sorte de code ou de manuel de l'éducation du soldat. Ce manuel n'existe pas et ne s'écrira jamais.

Le capitaine Jacob a pensé utile de fournir à ses camarades des exemples de causeries faites à ses soldats. Je l'ai fortement encouragé à les éditer, parce qu'elles ont toutes les qualités du genre. Elles sont d'un ton très personnel. On ne saurait assez prévenir les officiers contre les conférences stéréotypées. Les paroles qu'ils destinent à leurs soldats assemblés doivent être empreintes, comme celles qu'ils adressent à chacun d'eux au cours des journées, de leur propre personnalité, de leur manière de sentir, de voir, de juger. La compagnie est une famille dont la bonne entente et l'affection animent tous les membres. Le chef de famille, s'il élève la voix, ne doit pas prendre le ton du sermon. Son éloquence est toute personnelle et n'a point le caractère ni le débit d'une rhétorique savante.

Aussi, en soumettant à ses camarades *les paroles écrites* du capitaine Jacob, nous leur conseillons de ne point les suivre à la lettre. Elles sont d'une si belle et d'une si claire conscience que, redites par d'autres, elles perdraient leur accent de sincérité et prendraient une figure étrangère. Elles ne sont point séparables de toute la vie de cet officier. Elles expriment des rapports de noble familiarité avec les hommes. Inséparables de la tenue du chef devant eux, devant les rangs, dans les exercices, dans la conversation d'individu à individu, ces discours ont la même valeur qu'elle.

On peut dire qu'ils reflètent aussi bien les visages des hommes que celui du capitaine. Celui-ci peut envisager avec sécurité les difficultés d'une campagne. Il peut aussi voir partir la classe du même regard. Il a son monde, comme dit le règlement, bien en main. En travaillant pour la guerre, il a travaillé pour la paix. En somme, ce sont là des expressions diverses à apparence contradictoire et dont, pourtant, les sens se rejoignent en celui-ci : la Patrie. Quiconque prépare la guerre, fortifie la paix, à la condition qu'il ne recherche que la vraie grandeur de la Patrie.

PIERRE BAUDIN.

NOTE DE L'AUTEUR

Notre but est d'être suivis *par nos soldats. Pour qu'ils nous* suivent, *il faut qu'ils nous connaissent, qu'ils nous estiment, qu'ils nous soient attachés, et — personne ne sourira si je dis : — qu'ils nous aiment.*

Et ces « conférences morales » (puisque enfin conférences morales il y a), si l'on s'était contenté de les composer et de les écrire studieusement et avec amour dans la solitude du cabinet, en s'échauffant tout seul sous sa lampe d'une émotion purement littéraire et factice, elles ne seraient sans doute qu'un ouvrage de rhétorique, — médiocre en soi, — et, par-dessus le marché, médiocrement estimable. Mais non; toutes les conférences qui sont ici sont... comment dirai-je?... des actes — oh! très modestes, — des actes professionnels, ceux d'un officier qui, comme tous les officiers de notre pays, aime beaucoup ses soldats, et qui vit au milieu d'eux, dans la chambrée où périodiquement il leur parle, les minutes les plus émouvantes et les plus douces de sa vie. J'imagine que pour la plupart des Capitaines la « conférence morale » est une petite récompense de leurs labeurs. C'est une volupté — saine — de sentir qu'on agit d'une façon directe sur de la matière humaine, qui vit et qui vibre, — qui réagit. Et c'est une satisfaction aussi, singulièrement noble, de se pouvoir dire, quand on a fini de parler : « Allons! j'ai fait mon possible pour que mes soldats me soient attachés; j'ai fait ce que j'ai pu pour trouver le chemin de leur sensibilité; j'ai fait ce que j'ai pu pour que, le cas échéant, ils me suivent, — jusqu'à la mort, inclusivement. »

Tous ces Discours ont donc été d'abord, et pendant plusieurs années, improvisés, parlés, « trouvés », devant les soldats, au milieu des soldats. S'ils ont, par aventure, un peu de vie et d'entrain, ils le doivent à ce fait qu'ils ont été vécus au milieu de la troupe avant d'être écrits avec de l'encre. Et voilà ce qui importait par-dessus tout :

d'avoir fait un geste militaire, non pas celui d'un « mandarin ».

Pourtant, ces conférences ne sont point familières. Cela est vrai. On a tâché de leur conserver, soit en les faisant, soit en les écrivant, une certaine tenue. Je ne crois pas (et peut-être que d'autres sont d'avis différent) qu'il faille être familier avec ses hommes. D'ailleurs, on a travaillé en vue de la loi de deux ans, c'est-à-dire pour un auditoire fort disparate, et où ne manqueront pas les jeunes gens cultivés. J'ai idée qu'il n'est point mauvais de paraître un peu un « monsieur » (oh! bienveillant, très bon, sans morgue!) à ceux qu'on a — et qu'on aura — le grand honneur de commander. Et, d'autre part, si l'on s'était contenté d'écrire ces conférences absolument telles qu'elles ont été prononcées, dans leur forme lâchée, heurtée, négligée, on conçoit bien qu'elles n'eussent supporté ni l'impression, ni, à plus forte raison, la lecture.

C. J.

I

Pourquoi êtes-vous soldats ?

« POURQUOI ÊTES-VOUS SOLDATS ? »

Ne ferait-on, dans une compagnie, qu'une seule « conférence morale », qu'il semble qu'on ne pourrait guère se dispenser de traiter le présent sujet.

Cette allocution se place donc en tête du programme d'éducation.

Quelques jours après l'arrivée des recrues, le capitaine les réunit : il tâche de leur faire comprendre pourquoi ils sont à la caserne et pourquoi il faut des soldats. Et il essaye de leur faire sentir combien la France est une patrie séduisante, riche, intelligente, jalousée ;... quelle grande place elle tient parmi les hommes ;... quel rôle paraît lui avoir été dévolu dans les mystérieuses destinées du monde...

« POURQUOI ÊTES-VOUS SOLDATS ? »

Oui, au fait, parlons un peu de ça. Le moment en est venu ; il ne faut pas attendre plus longtemps.

Pourquoi êtes-vous soldats ?

Pourquoi cette nécessité si dure ? Quelle raison puissante avons-nous, habitants de la France, de nous imposer à nous-mêmes une contrainte si pénible, si gênante pour tant de citoyens, si désagréable pour les individus ?...

Pourquoi cet impôt-là, si lourd et si particulièrement direct ?... Pourquoi les charges écrasantes de la guerre, que chacun supporte en ouvrant sa bourse et en donnant son corps ?... Pourquoi ce colossal effort financier, collectif, individuel ?...

Et pourquoi tant d'activités, d'énergies, d'intelligences, — de jeunesse ! enfin, — rendues temporairement (et en apparence), improductives et stériles ?...

Allons ! n'ayons pas peur du mot, qui est d'ailleurs sur toutes les lèvres : — pourquoi cette corvée vexatoire, imposée à Pierre, à Jacques, à Jean, ici présents, qui regardent de tous leurs yeux, écoutent de toutes leurs oreilles, et qui ne comprennent peut-être pas très bien le sens et la nécessité de leur sacrifice ?

Oui, parlons de cela, ensemble. Vous êtes dans un pays libre, dans le pays libre par excellence, dans celui qui, depuis plus d'un siècle, dépense sans avarice les trésors d'un merveilleux génie pour enseigner la liberté au monde. Obéir, ce n'est pas le tout ; et cela, désormais, ne nous suffirait plus : — il faut *consentir*. Le petit soldat japonais ne va pas au combat l'épée dans les reins ; son cœur ardent vole de lui-même à la victoire.

Vous, le jeune savant (1), qui serez peut-être

(1) La compagnie reçut, en effet, en 1904, un jeune soldat pourvu de tous les diplômes énumérés ici ; et la loi de 2 ans aura sans doute pour effet de rendre fréquents de pareils cas.

un jour une illustration de notre pays ; reçu à l'Ecole Polytechnique ; élève de l'Ecole Normale supérieure ; licencié en mathématiques ; agrégé des sciences physiques et chimiques... (oui, il me plaît, en cette chambrée, d'énumérer vos titres d'une façon sonore : je trouve votre cas honorable pour la République, honorable pour l'armée nationale, — et si honorable pour vous-même !)... vous, dis-je, le jeune savant, vous avez laissé vos livres et vos études, les « chères études », dont dépendent peut-être, qui sait ? un peu de gloire pour la France et un peu de progrès pour l'humanité...

Et vous là, mon jeune ami, petit illettré que je vois tout justement assis à côté du savant (et, par parenthèses, quel joli exemple d'égalité et de solidarité, hein ? je vous en prends tous à témoins !)... je disais donc : vous, le petit illettré, vous avez quitté vos bêtes, la charrue, les champs, le hameau ou la ferme, et tous les lieux familiers et chers à vos yeux d'enraciné,

L'auditoire d'un capitaine sera disparate. Le niveau moyen en sera assez élevé (tant mieux !) et justifiera peut-être certains développements.

les lignes charmantes d'un paysage regardé soir et matin pendant vingt ans...

Et vous encore, vous commis ; vous, ouvrier ; vous, étudiant, cocher, tisseur, porcelainier, électricien, comptable...que sais-je?...vous tous qui formez comme un résumé de la France et qui en êtes comme le terreau fertile, vous avez laissé votre outil, l'usine, l'atelier, le magasin, le bureau ; vous avez quitté Paris ou Lyon, les grandes villes populeuses et brillantes, dont je crois bien que les rues sont un peu plus gaies que la cour de la caserne... Mais il ne souffle ici qu'un vent salubre, vous le verrez...

Tous, vous vous êtes arrachés à vos familles, à vos mères,... et peut-être à des fiancées !... Eh ! oui, le sein de la femme est doux... Et, je le sais bien, mes amis, vous avez tous le cœur un peu gros... Ce chagrin... ces larmes... (oh ! mon Dieu ! n'ayez pas honte ! au cours de cette petite séance intime que vous appelez « la Confession », j'ai vu, je vous le dis tout bas, certains conscrits qui me parlaient avec des yeux soudain devenus tout humides)... ce chagrin-là, dis-je, nous le concevons ; nous y sommes compatissants, nous savons, — n'est-ce pas les anciens ? — non seulement prononcer la phrase brève qui ordonne, mais faire aussi le geste et dire le mot qui consolent ; car nous sommes des hommes. Et nous avons, — il ne faut jamais oublier cela, — un cœur, fait comme les vôtres. — Des chefs, d'abord, cela est évident ; — des amis, dès que c'est possible. Des « sabres » seulement, non !

Mais alors je répète ma question : — « Pourquoi est-on donc soldat ? »

Que j'en fasse venir ici quelques-uns, devant moi, devant les camarades ; que cette question-là je la pose : ah ! je suis bien tranquille ; je sais bien : d'une part ce que mes soldats ne me répondront pas ; et, d'autre part, ce que me diront tous les braves gens de cet auditoire.

Et voici d'abord ce que pas un seul parmi vous ne répondrait, ce que pas un seul ne penserait :

— « Mon capitaine, nous sommes soldats parce que nous sommes forcés ; parce que nous ne pouvons pas faire autrement ; parce qu'il y a des gendarmes et le conseil de guerre. »

Non ! parmi vous tous, il ne s'en trouverait pas un seul pour faire à son capitaine, en public, devant toute une assemblée, une réponse comme celle-là. Un jeune Français ne pourrait pas, ne songerait pas à tenir un pareil langage devant 150 jeunes Français. Il y a, dans toute votre race, un instinct de générosité. Pas besoin de vous prendre : vous vous donnez. Et c'est cela, la liberté. C'est savoir et c'est vouloir se donner. C'est se déterminer pour des raisons profondes dont on a obscurément conscience, pour des raisons impérieuses et mystérieuses que la raison n'a pas besoin de connaître, et dont il suffit que le cœur soit touché.

Les gendarmes, les tribunaux, la force : tout cet appareil-là, c'est bon pour des malfaiteurs, ou pour des serfs. N'est-ce pas, Jacques ? que tout cela n'est point l'affaire des conscrits français, qui sont les arrière-petits-fils des volontaires de 1792 ? Aujourd'hui, pas plus qu'hier, la caserne n'est un lieu où un gars de vingt ans pénètre entre deux gendarmes. On y entre gaiement, la tête haute, avec fierté.

Et si donc, les uns après les autres, je vous faisais venir devant cette table, je sais bien quels mots jailliraient de vos cœurs et de vos lèvres...

Faut-il faire l'expérience ? Faut-il appeler ici l'ami Jacques, que je vois tout justement assis au premier rang ? et voulez-vous que ce soit sa bouche et non la mienne qui vous crie : « Nous sommes soldats parce que nous aimons notre patrie ; parce que nous ne voulons pas qu'on la prenne ; parce que nous savons bien qu'il faut défendre la France et la garder ! » Oui, voilà ce que dirait l'ami Jacques, voila ce qu'il dirait, tout fier d'avoir un instant la parole, à voix bien haute et bien claire, pour être entendu des 150 hommes qui sont ici, et redressé comme un petit coq, comme un coq gaulois. Il exprimerait ainsi un sentiment qui se trouve inscrit dans toutes les poitrines de l'auditoire. La voix de tous parlerait par sa bouche. Quand on fait partie d'une assemblée dont toutes les parties sont saines, jeunes, généreuses, on pense juste. Le vrai se révèle d'une façon éclatante et soudaine aux hommes réunis en commun, à ces animaux sociables, en qui gît un mystérieux instinct de conservation sociale.

A la bonne heure ! voilà que nous nous comprenons. Ainsi, c'est de la France qu'il s'agit.

Il ne s'agit pas de nous, mais de quelque chose de supérieur à nous-mêmes. Eh ! bien, parlons-en donc, de la France. Peut-il exister, pour nous autres, un sujet plus émouvant ? — et j'ajouterai : plus séduisant ? Toutes les patries sont émouvantes ; toutes les mères sont aimées : toutes les femmes n'ont pas du charme.

Oui, la France, il faut la défendre et la garder. Chacun son tour. Hier, vos aînés étaient de garde ; après-demain, ce seront vos enfants : aujourd'hui, c'est votre tour.

Dans les colonies, quand on construit un poste en pays ennemi, une moitié des tirailleurs construisent les cases ; l'autre moitié monte la garde, fusil braqué, le doigt sur la détente. Laquelle des deux équipes pourrait s'enorgueillir d'avoir construit le poste ? Dites-moi donc laquelle des deux équipes aurait le droit de dire à l'autre :

— « Hé ! là, les hommes aux fusils, pas de place pour vous dans la case ! C'est nous qui l'avons construite... Allez coucher dehors ! »

Ou bien :

— « Dehors, hommes de corvée ! Si nous

n'avions pas fait bonne garde autour du camp, vous n'auriez pas pu construire les paillottes : c'est nous les légitimes propriétaires et les premiers à abriter. »

Vous sentez bien, n'est-ce pas, que des uns comme des autres les droits sont égaux.

Eh ! bien, vous faites aujourd'hui, vous autres, partie de l'équipe dont c'est le tour de monter la garde, tout bonnement : tâche utile, mes amis, tout comme celle que vous accomplissiez hier, tout comme celle que vous accomplirez demain.

Car si le paysan, en paix, peut labourer son champ, couper ses gerbes et emplir sa grange, c'est parce que vous êtes soldats !... Parce que vous êtes soldats, le vigneron provigne et vendange !... Parce que vous êtes soldats, l'étable est pleine, la place de la foire est noire de monde ; et l'herbager, dans sa grosse bourse de cuir, fait sonner des pièces d'or !... Et c'est parce que vous êtes soldats, que les hautes cheminées fument ;... que les vitres des usines flambent chaque nuit de lumière et d'étincelles ;... que les locomotives se croisent et se poursuivent, haletantes et pressées sur les rails ;... que les charrois s'encombrent aux portes des grandes villes ;... que la France entière, d'un bout à l'autre de son territoire, produit, amasse, fabrique, transporte, achète, vend, améliore, enfante, crée, — vit !...

Cette vie, contemplez-la avec orgueil. Elle est un peu votre œuvre. Car c'est parce que vous êtes soldats qu'elle anime et féconde le sol. Tant il y aura de soldats, et tant sera la ruche respectée, respectable et bourdonnante !

Regardons-la un peu la France, la douce France, regardons-la ensemble, en fils, en amants, en artistes, en philosophes. Vos origines sont diverses : il faut qu'il y en ait pour tous les goûts.

Parmi vous, il y en a beaucoup qui viennent de traverser en chemin de fer une partie du territoire. — Premier voyage, peut-être, pour quelques-uns ? — Il est long depuis Lyon, depuis la Corrèze, depuis la Bretagne, il est long jusqu'à Chaumont. Ah ! on en traverse des « labours », des champs, des bois, des vignes, et des prés verts étalés le long des rivières ! Et l'on en voit des villes, des hameaux, des usines, des moulins, des métairies et des meules !...

Et toutes ces images-là sont encore gravées dans vos cervelles. Vos wagons ont couru sur la carte même de la France, étendue en nature, déployée, sous les rubans d'acier du chemin de fer... Ceux qui n'avaient pas vu encore beaucoup d'horizons ont pu regarder avec des « yeux frais », un peu étonnés, un peu éblouis, toutes ces images de beauté, de profusion, de prospérité, d'activité, de vie grouillante... Comme c'est grand la France ! comme c'est cultivé ! comme c'est peuplé ! comme c'est « civilisé » ! — et comme c'est beau !...

... Je vous révèle à vous-mêmes, avec un peu de complaisance, n'est-ce pas ? vos propres impressions. C'est que je les connais. Quelqu'un... (un ami très intime, si vous le voulez), me fit part un jour des sensations que, lui aussi, il avait eues, en revoyant la France après quatre années d'absence ; et il le fit avec un accent si pénétrant que j'entends encore le timbre de ses paroles chanter au fond de ma mémoire.

— « Avant de m'éloigner de la France, me

disait-il, vingt fois je l'avais parcourue d'un bout à l'autre, sans songer à la regarder autrement que d'un œil un peu distrait et indolent. En naissant, j'avais ouvert mes yeux sur cette terre charmante ; et, comme tant d'autres Français, pourtant sensibles aux formes, j'oubliais presque d'admirer ce ravissant tableau, devenu trop familier...

« Après des années passées en Extrême-Orient, un jour donc, je rentrai. Alors il me sembla que, pour la première fois, je voyais la France. Je la découvris. Je la comparai. Je la situai sur la planète. Je la mis à sa vraie place, au centre du monde, dont elle me parut, au physique et au moral, être quelque chose comme le paradis terrestre...

« Oui, un matin, je me le rappelle, du pont du paquebot qui me ramenait à Marseille, j'aperçus les côtes de France... Soudain, elles parurent à mes yeux, les « côtes d'azur », tout au bout de la mer bleue, sortant lentement, toutes fraîches, des brouillards lumineux de l'aurore... C'était la « Patrie » ! — Et c'en était assez, évidemment, pour faire battre les cœurs.

Mais c'était aussi la Beauté... Le passager, en s'approchant des côtes de la Baltique après un long voyage, peut avoir les mêmes impressions sentimentales — : il n'a pas ; non, il ne peut pas avoir les mêmes émotions esthétiques... Oui, je sentis que la Beauté elle-même me montrait son visage à travers les voiles humides du matin... Et alors, une image d'ensemble de la France surgit dans mon imagination ébranlée... Je la vis... Je compris l'attrait puissant que cette terre tiède et harmonieuse avait jadis exercé sur les navigateurs de l'antiquité ; je compris l'âpre émoi du Northmann, sorti grelottant des embruns du Nord, et recevant au visage, en vue de nos côtes, la caresse douce de notre radieuse lumière ; je compris le farouche appétit du barbare, debout sur la cime des montagnes, et apercevant à ses pieds nos vallées, nos prairies, nos pampres, et ces « coteaux modérés », dont il serait facile, au laboureur, de déchirer l'écorce légère du soc de sa charrue.

« Je débarquai. Tout de suite, je dus faire de longs voyages. Et je m'élançai ardemment à travers la France. Pendant des heures, le cœur élargi par une émotion complexe, je demeurai à la vitre du wagon, regardant ces campagnes françaises, qu'il me semblait que je n'avais jamais vues. Mon âme s'y « dispersait » avec une volupté ineffable. J'étais obsédé par ce vers d'un charmant poète (1) :

Je voudrais sur mon cœur serrer le paysage...

« Mes yeux étaient désaccoutumés du spectacle d'une terre habitée et façonnée par l'homme. Je portais en moi des images violentes de forêts vierges, sombres, profondes, inextricables ; de fleuves colossaux, limoneux et rapides, arrachant leurs berges, larges comme des bras de mer, et dont à peine on apercevait la rive opposée ; de montagnes aiguës, noires, si pressées les unes contre les autres, qu'on se demandait dans quelles gorges invraisemblables s'engagerait tout-à-l'heure la piste suivie entre les rochers du torrent...Que tout cela était silencieux, morne désert, mélancolique, — hostile ! Au milieu de tout cela, comme l'homme était petit ! comme

(1) Albert Samain.

il était perdu ! comme on concevait qu'il fût d'avance vaincu ! Comme on sentait qu'il serait à jamais incapable de l'effort énorme qu'il faudrait faire pour plier à son gré cette nature farouche, dont le soleil et les déluges des tropiques décuplaient sans cesse l'effort indisciplinable !... Ainsi, sur une partie de la terre, l'homme se battait donc contre un géant plus fort que lui. Sa défaite était certaine. Tout ce qu'il pourrait faire, ce serait éternellement disputer sa vie à la tribu voisine, affamée, e aussi ; aux animaux, à la brousse, aux ar , à l'eau, et à toute cette énorme nature, q enserrait durement dans sa main inintelligente ! Jamais ce pauvre petit être humain ne serait autre chose qu'un sauvage ; jamais il n'aurait de temps de reste pour travailler à l'évolution du monde et pour concevoir quelques-unes de ces choses qui font la vie digne d'être vécue.

« Décidément donc, la France était une terre privilégiée. Comme il fallait l'aimer ! Comme elle avait besoin d'être défendue contre les convoitises des autres hommes !... De Marseille à Paris, il me semblait que le train roulait éperdument à travers une énorme et luxueuse banlieue, continue, dispersée sans solution de continuité au milieu des clairières lumineuses, des parcs, des vergers, de l'océan des blés, des vallées humides. Par monts et par vaux, c'étaient les aspects divers de quelque somptueux domaine, merveilleusement aménagé, habité, vivant. Cette terre tout entière chantait : elle avait une voix humaine. L'homme était partout. Partout un Pan aimable offrait sa main à l'homme. Il n'y avait de site gracieux que celui dans un coin duquel il avait bâti sa maison et où montait doucement en l'air la fumée bleue d'une cheminée ! La nature, abandonnée à elle-même ne produisait que des tableaux terribles et sans grâce. C'était l'homme le merveilleux ouvrier, dont la main adroite façonnait, éclaircissait, allégeait. Ici, par une grâce spéciale, la nature était tout à la mesure de l'homme. Le Français s'adaptait merveilleusement et tout juste à cette terre, que l'on comprenait qu'il fût devenu le jardin convoité du monde... » Ainsi parlait mon ami, d'une manière émouvante...

Et c'est vous, les cultivateurs, c'est vous qui,

de siècle en siècle, avez peu à peu et presque inconsciemment composé les diverses parties de ce séduisant tableau. Vous pouvez être fiers de votre œuvre. Et cela est vrai, ma foi ! que pour un pays dont on se plaint parfois qu'il « manque de bras », on n'aperçoit pas beaucoup de friches, hein ? quand on traverse le territoire d'un bout à l'autre. N'est-ce pas les connaisseurs, que ce n'est tout de même pas trop mal cultivé ? N'est-ce pas qu'il fera bon à y retourner aux champs, à la terre nourricière, dans un an, dans deux ans ?... Il faudrait voir un peu si, ailleurs que chez nous, il y a beaucoup mieux : en Calabre, en Espagne, en Poméranie,... ou ailleurs ?...

Allons ! allons ! ce patrimoine-là, il vaut la peine, décidément, que l'on retrousse ses manches pour le défendre ; que l'on ferme ses poings et que l'on tombe en garde. Plaisant et joli, l'héritage des aïeux ! Le laisser à d'autres ? — Plus souvent ! Au travail ! Il vaut la peine de l'enclore, de l'enclore d'une clôture de canons, de fusils et de poitrines !... Et décidément, c'est avec entrain et joie, qu'il faut monter la garde !

Et voilà, mes amis, une des raisons déjà, pourquoi l'on est soldat... Et quand, ici même, où la ville est petite et le sol un peu maigre, et où rien, à proprement parler, ne donne l'idée d'une très grande France, ici même, quand vous serez sur la petite place d'exercice, proche la caserne, croyez-moi, jeunes soldats, laissez dire les badauds qui auront l'air de vous plaindre de « faire les Jacques » ; d'accomplir en cadence des gestes inutiles, et de passer le temps à quelque chose qui ne sert à rien. Laissez dire...

Quand, pendant le repos, vous verrez, montant la côte, la grosse voiture du meunier avec ses six chevaux tirant à plein collier, excités par les claquements de fouet du roulier ; quand sur le plateau, là-bas, vous apercevrez, enveloppés dans la buée de la sueur, les attelages des laboureurs tirant la charrue à travers les mottes ; quand vous verrez se détacher sur le fond clair de l'horizon le fameux geste du semeur, simple et large, et dont nos pièces d'argent ont fait le geste national ; quand vous découvrirez, ici ou là, la cheminée du moulin ou de la fabrique, dites-vous tout bas dans votre cœur, mes amis :

— « Tout de même, il y a un peu de moi dans

tout cela. Dans toute cette vie, éparse partout, il y a un peu de ma vie, un peu de mes efforts, un peu de mon travail, et un peu de ma petite personne de troupier. Tous ces gens-là, qui vont et viennent, tous ces gens-là, c'est la paix, la paix elle-même en travail, laborieuse et prospère, sous le bras étendu du soldat qui protège... Allons !... Voilà le sergent qui siffle pour la reprise !... aux faisceaux !... Empoignons le fusil et apprenons le feu à répétition !... Apprenons ce qu'il faut savoir pour avoir le droit de « déclarer la paix » au monde !... »

Est-ce tout, mes amis ? Est-ce que la France n'est que cela seulement ? Est-ce qu'elle est seulement une usine, une ferme, un vignoble, un marché, une boutique et une maison de banque ?...

Avoir du « foin dans ses bottes » et s'en aller, rouge et fort, cossu, un portefeuille bourré de billets de banque dans la poche de son pardessus, cela est bien... Mais enfin ce n'est point glorieux. Une grande nation ne vit pas que de pain ; et les gens de Cincinnati, vous savez bien qu'il ne leur suffit plus, aujourd'hui, d'entendre le monde entier les appeler des marchands de cochons. Une patrie, vieille comme la vôtre, c'est un cimetière glorieux, c'est des traditions, c'est d'anciennes gloires, c'est des grands hommes, c'est tout un passé moral, un présent moral, un avenir moral. La patrie, c'est une *Personne morale*. Elle vit d'idéal ! L'humanité, qu'une sorte d'obscur instinct de conservation pousse à éliminer de son sein tous les parasites, tous ceux qui ne font que consommer sans produire, l'humanité, dis-je, ne fait longtemps crédit à un peuple de la vie sur la terre qu'à la condition qu'il accomplisse autre chose que ses fonctions animales.

Je m'explique... Dites-moi donc, mes amis, si vos instituteurs, quand ils vous ont appris l'histoire, vous ont enseigné les noms des gros propriétaires, des gros marchands et des gros banquiers ? — Dites-moi donc si vous avez lu quelque fois dans les cimetières, ces mots, gravés sur les tombes : « A un Tel, homme très riche » ? Vos pères, vos grands-pères, vos ancêtres, dites-moi donc à qui ils ont élevé des statues ?...

Allez sur les places publiques, dans les jardins et dans les squares, dans les musées : — sur le socle des statues de marbre, sont gravés des noms que vous connaissez tous, qui que vous soyez, même les illettrés : Hugo, Pasteur, Gambetta, Voltaire, Napoléon, Jeanne d'Arc !... On pourrait en dire à l'infini : patriotes, poètes, capitaines, musiciens, hommes d'état, savants, orateurs, que sais-je ?... Un philosophe a dit que les peuples n'étaient peut-être qu'un « long détour de la Nature pour aboutir à une dizaine de grands hommes. » Soit !... Alors, la nature a servi la France en enfant gâtée ! Car où est-il le pays du monde qui se pourrait enorgueillir d'une aussi forte proportion de grands hommes ? Entre toutes les nations du globe, la France est, mes amis, la terre des arts, de la pensée, de la science, du progrès, de l'idée, — de l'Idéal.

Dans les quelques lettres de ce nom propre : « France » qui, non seulement, vibrent délicieusement à nos oreilles, mais qui ont encore une sonorité séduisante pour les oreilles mêmes des étrangers, — dans les quelques lettres de ce nom, dis-je, il y a je ne sais quelle musique mystérieuse de l'avenir... En ce nom vit et palpite une partie de l'idéal et de l'espoir du genre humain... Les hommes comptent sur nous... Ceux mêmes qui nous jalousent, fondent sur nous leurs espérances... Ah ! de quel amour il faut l'aimer ce pays, qui a hérité, depuis des siècles, la mission de créer le beau et d'en projeter l'image à la face de la Terre...

Eh ! bien ! les petits soldats, est-ce que cela n'est point émouvant, et glorieux, et infiniment noble de collaborer aussi en quelque manière, à la production de cette beauté ? Est-ce que vous ne croyez pas que ceux-là aussi méritent d'être gardés et défendus, — comme l'industriel et l'herbager, — par lesquels s'accomplit une des plus saintes missions humaines ?

Eh ! bien, c'est parce que vous êtes soldats, n'en doutez point, qu'il y a des musées, des imprimeries, des bibliothèques, des laboratoires, des Facultés, une Académie française, un Collège de France, un Institut, une Ecole Normale ; — c'est parce que vous êtes soldats que nos artistes créent les statues et les tableaux inimitables que l'étranger, impuissant à faire aussi bien, emporte par de là les mers, pour orner les vestibules et les salles de ses palais ; parce que vous êtes soldats que nos architectes ont fait sortir de terre ces somptueux poèmes de pierres, qui donnent une idée si colossale de ce qu'à pu l'homme, l'homme chétif, habitant jadis les cavernes et les cabanes lacustres ; parce que vous êtes soldats que nos philosophes, nos historiens, nos romanciers, nos dramaturges, nos poètes, écrivent des livres dont les pages s'envolent jusque chez les libraires des cinq parties du monde...

Allez un peu, mes bons amis, dans cette ville même, regarder les boutiques des libraires : — derrière les vitres, combien verrez-vous d'ouvrages dont les titres soient écrits en Anglais, en Allemand, en Russe, en Espagnol ou en Danois ? — Mais dans n'importe quelle ville de n'importe quel pays étranger, allez-y : vous connaîtrez cette émotion et cette fierté de reconnaître à la devanture, les titres français de nos chefs-d'œuvre. Cette pensée française, cette langue que vous parlez, elles s'envolent donc partout ! Quel essort ! quel rayonnement !...

Si les étrangers ne nous aiment pas toujours

(et qui donc aime celui qu'il envie ?), s'ils ne nous aiment pas toujours, en tout cas comme ils nous lisent, comme ils nous écoutent, comme ils nous regardent, comme nous les intéressons, comme ils aiment à se frotter à nous ! comme ce que nous disons, pensons, faisons, les rend curieux, attentifs, insdiscrets ! — Dans le monde entier, quel silence, quand la France chez elle, dans sa maison, dont fenêtres et portes sont toujours ouvertes ; (— oui , elle peut vivre au grand jour !) accomplit quelque chose ou prononce une parole !... Comme ils la suivent, les étrangers, notre histoire contemporaine !

Quand un étranger déplie son journal, son premier souci, c'est : « — Voyons qu'est-ce qu'à fait aujourd'hui et qu'est-ce qu'a dit la France ? »

Elle parle au nom du genre humain.

Un camarade me dit un jour :

« — Tu n'as pas idée, mon cher, de l'intérêt puissant que nous exerçons sur les étrangers... Quand j'étais à Madagascar, ma vie était fort pleine ; et j'avais tout juste le temps de m'occuper de mes administrés, de mes colons et de mes tirailleurs. Je n'avais pas le temps de lire mon journal ; je le « regardais » rapidement. Comment aurais-je eu le loisir d'étudier ce qui se passait dans les divers pays du monde ! Eh ! bien, sur cette terre française de Madagascar, où il y avait alors presque autant d'Anglais, d'Allemands, d'Américains et de Norvégiens que de Français, quand j'étais obligé pour une question de service, d'aller voir un docteur Anglais, un missionnaire Suédois ou un marchand Allemand, comme tous ces gens-là se mettaient vite à me parler de mon pays ! Il se passait, à ce moment-là, en France, des événements considérables... Les étrangers les connaissaient mieux que moi ; c'était par eux que j'apprenais les détails, les petits faits... Ah ! que nos gestes (*gesta per Francos !*) les intéressaient donc !

« Et je me disais en moi-même : « Parbleu ! tous ces gens-là sont agaçants parfois, un peu trop curieux et indiscrets !... Mais tout de même, comme on est fier d'appartenir à une race qui tient une telle place parmi les hommes !...

« Alors, sans antipathie, mais sans indulgence,

je me pris à comparer les autres hommes à mes compatriotes. Les traits véritables des Français m'apparurent avec une netteté singulière. Comme en toutes les choses essentielles de l'esprit humain ils voyaient décidément plus loin et plus haut que les autres hommes ! quel effort continu vers l'idéal ! avec quelle facilité le Français, ouvrant ses ailes, oubliait un moment le tas de boue qu'est la terre ! et comme il devenait vite, non pas un citoyen du monde (il ne daignerait !) mais un hôte de l'univers infini ! Quelle différence de sens moral, en qualité et en quantité ! Là où les autres hommes, tout enfoncés dans la matière, sont uniquement préoccupés du but prochain, de leur subsistance, de leur ventre, de jouir, de posséder, de prendre, d'emplir sans probité les flancs de leurs cargo-boats et de pirater sur les mers ; là où cupides, avides, avares et retors, ils s'acharnent sans grâce à faire leur place jusque dans le nid des autres, la France elle, point égoïste, désintéressée, altruiste, vraiment douée d'une âme immortelle, se préoccupe de réduire sans cesse la quantité d'effort nécessaire pour se procurer la subsistance, et consacre la meilleure partie de son génie à travailler pour l'espèce humaine. Tous ces pharisiens étrangers n'ont qu'une morale à hauteur d'appui. Confucius, au fond, est la toise médiocre faite à la taille de la plus grande partie du genre humain. Il n'y a guère que la France pour laquelle le reste du monde existe. Cette nation est pareille à un arbre élancé qui porterait fièrement vers l'azur du ciel ses rameaux, ses fleurs et ses fruits. Un tel arbre ne saurait se passer de fortes racines, qui l'accrochent puissamment au sol. C'est nous, ces racines, c'est nous les soldats, c'est nos régiments, debout sur la terre de la patrie, debout, au « garde-à-vous ! » dans les innombrables garnisons françaises...

« Et je pensai encore que nous aurions tort de nous mêler aux autres hommes ; que le globe n'était pas notre patrie. Il ne faut pas disperser un sac de médailles d'or dans un tas de gros sous ! »

Et voilà ce que me disait mon camarade.

Et voilà, mes amis, pourquoi, enfin, l'on est soldat.

Nos blés, nos prés, nos livres, notre art, notre génie, l'idéal du genre humain : — voilà ce que l'on protège. Que de choses ! quel prodigieux patrimoine matériel et moral ! Et quelle responsabilité que la nôtre, aux yeux des fils à qui nous devrons compte de l'héritage !

Je m'arrête... Mais je n'ai pas tout dit. Comment, en vingt minutes, énumérer tous les trésors d'une patrie comme la nôtre ?... Pensez-y souvent ; — et pensez encore à ceci, qui sera mon dernier mot.

Tout à l'heure, j'ai prononcé ce mot : la Paix.

Quelqu'un me pourrait dire (oh ! je sais que ce quelqu'un n'est pas ici ; il n'est pas assis parmi vous. S'il était dans cette chambrée, le vide se ferait autour de lui, et l'on s'écarterait de lui, comme d'une espèce de monstre) ; mais enfin quelqu'un pourrait dire :

« — Eh ! bien, oui, la Paix ! — La paix, à tout prix !... L'héritage est beau, dites-vous ? — soit !... Mais après tout, qu'importe le nom du maître ? La seule chose qui importe, c'est de jouir ; c'est que nous ne soyons plus soldats ;

c'est que nous rentrions chez nous ; c'est que nous reprenions tranquillement la charrue, nos outils et nos livres ; c'est que nous puissions, comme dit l'autre, « travailler à l'épanouissement de toutes nos virtualités »... Allons ! hors la caserne ! Et qu'une bonne fois on la rase ! A l'eau, les fusils et les canons !... Plus de soldats et plus d'armée !... — On changera, dites-vous, les noms qui sont inscrits là-bas sur les plaques de fonte des bornes-frontières ?... Eh ! bien ?... Après ?... Vous dites que, sur les cartes de géographie, on rayera le nom de ce pays teinté de rose, ramassé au bout de l'Europe, de formes harmonieuses, et si heureusement à cheval sur deux mers ? — Eh ! bien, après ?... Les drapeaux ?... (ma voix se brise, mes amis, en prononçant de pareilles paroles),... les drapeaux tricolores ?... Eh ! bien, on les remplacera par d'autres aux frontons des édifices !... Et après ? encore une fois ?...

« Tout cela, nous le verrons s'accomplir sans une larme, sans une révolte... Mais au moins, nous resterons dans nos maisons ; et nous ne serons plus soldats... Les étrangers épouseront nos sœurs ; et avec eux nous partagerons nos fiancées ! »...

Soit !

Je veux un instant qu'un pareil drame se soit accompli. — Plus personne pour garder la patrie : — on la prend ; on nous la prend. La digue est rompue. Ceux que, de force, on maintenait de l'autre côté de la Manche, derrière les Vosges ou derrière les Alpes, ils sont entrés. Le monde est entré sur la terre convoitée. Il le possède le territoire envié, jalousé, — aimé ! Les barbares qui, depuis vingt siècles, heurtaient du poing les murs de fer de ce pays, enfin vont réaliser leur rêve millénaire de vivre le songe de la vie sous les cieux uniques au monde de la douce terre de France !...

Mais, dites-moi donc, mes chers amis, ce qui est bon à prendre, cela est bon à garder, ce me semble. Celui qui l'aura prise, cette patrie, dites-moi donc de combien de haines, de jalousies, d'envies, d'appétits furieux il sera, à son tour, entouré et pressé?A combien de barbares le barbare conquérant devra-t-il faire tête ? Les complices d'hier, comme dans tous les mauvais coups, seront, les uns pour les autres, les ennemis de demain.

Est-ce que vous croyez que le nouveau maître de l'héritage vous laissera dans vos maisons ? Il lui faudra des soldats.

Allons ! aux armes ! qu'on relève les casernes ! Au régiment les recrues ! Ce n'est pas le tout de ravir une proie : il faut la disputer aux autres et manœuvrer du bec et des ongles. Au régiment, encore une fois ! Il ne s'agit plus de *consentir*, cette fois ; — il faut *obéir*. Et il ne s'agit plus de *se donner:*—il s'agit *d'être pris,*—de force.

. . . .

Oui, on a rebâti la caserne. Un drapeau y claque dans le vent... un autre drapeau que le drapeau bleu, blanc et rouge... A la grille, attendent des gradés... Mais ce ne sont plus des compatriotes, des amis, des frères de grands frères attendant les petits frères... Ils n'ont plus les visages familiers...les doux visages des fils des Gaulois...

Le voilà l'avenir ! Il s'agit de savoir, tout simplement, si vous préférez servir sous les ordres de caporaux français ou sous les ordres de caporaux d'une autre race.

Hélas ! il y a quelque part des enfants dont les pères n'avaient pourtant pas songé à poser les armes :—est-ce qu'on les a laissés dans leurs maisons ? Est-ce qu'ils ne sont pas soldats ? est-ce qu'on ne leur crie pas les commandements dans une autre langue que la leur ?

... Oui ! je le vois d'ici, à cette place où je suis moi-même, le capitaine étranger qui vous ferait la « conférence morale ». Dans quelle langue ?... Et je voudrais bien l'en entendre parler, celui-là, de la France ! Je vous ai dit, moi, ce que je pense, à savoir que notre pays est le plus séduisant, le plus intéressant, le plus intelligent, le plus généreux du monde. Mais lui il ne pourrait vous développer que cette idée :

«— *Vœ victis !* Malheur aux vaincus ! »

Allons ! Débarrassons-nous de ce cauchemar. Le présent, tel qu'il est, est bon. Tenons-nous y. Adaptons-nous. Demeurons comme nous sommes, soldats, caporaux, sergents et officiers : tous enfants de la même mère.

Et puisque, décidément, il faut être soldats, soyons soldats ! — entre nous ! — dans la famille.

II

Une compagnie : un seul cœur.

UNE COMPAGNIE : UN SEUL CŒUR.

Le Capitaine cherche ici à faire naître ou à développer dans le cœur de ses soldats un vif et salutaire sentiment d'attachement pour l'unité à laquelle ils appartiennent. Il s'efforce de créer au milieu des siens, un esprit de corps local, et ce que l'on peut appeler « l'esprit de compagnie ».

Il tâche d'ériger tout son monde en un seul bloc, bien homogène, en une seule Personne morale.

Cette allocution a donc un caractère particulièrement intime et cordial... Et il semble que ce soit là un chapitre très important du programme d'éducation morale et militaire... Car une compagnie, animée d'un esprit comme celui qu'on rêverait pour elle, serait presque à coup sûr aiguillée dans la bonne voie.

UNE COMPAGNIE : UN SEUL CŒUR.

Il m'est arrivé quelquefois, dans nos entretiens, de prononcer cette phrase : « Une Compagnie, il faut que ce soit un seul cœur ;... il faut que ce soit une personne morale. »

Sur le moment, je n'ai pas voulu en dire plus long. Et c'était peut-être un bien grand mot, un peu abstrait, pas commode à comprendre. — Et pourtant, cette petite phrase-là, un peu amenée par ce qui précédait, un peu expliquée par ce qui suivait, — éclairée par l'ensemble, — cette petite phrase-là, je gage que tout le monde ici en a — je ne dirai pas : compris, — mais senti, mais deviné le sens.

Les soldats devinent comme cela beaucoup de choses... Voici Pierre, qui n'est point grand clerc ; mais cent-cinquante Pierre, assemblés, constituent un public très intelligent ; ils deviennent de merveilleuses machines nerveuses, tout à fait aptes à sentir. Ils deviennent précisément quand ils sont réunis, une seule personne morale, ayant un grand esprit — et un grand cœur.

Le cœur ! En voilà un mot qui revient souvent sur les lèvres de ce capitaine ! ... — Mais, mes bons amis, le cœur, dans la vie, joue un très grand rôle. Je suis bien obligé de prendre l'homme pour ce qu'il est : pour un être passionné. Il croit que sa raison le mène ; et, presque toujours, c'est par les passions qu'il se détermine.

Je serais joliment embarrassé, allez ! si je devais m'adresser à votre raison seule. Heureusement, sous le drap de vos petites vestes, battent vos cœurs, vos cœurs jeunes, ardents, généreux, aimants. Ici, autour de nous, est-ce que tout ne serait pas glacé et mort, si nous ne mettions pas du cœur — et tout notre cœur — dans l'accomplissement de notre métier ? Pour l'esprit, n'est-ce pas ? pâture maigre : — pour le cœur, saines émotions.

C'est à de saines émotions qu'il s'agit de nous ouvrir. Il faut qu'ensemble nous nous brûlions à la flamme de ces sentiments : patriotisme, courage, dévouement, instinct profond du groupe social, amour de « chez nous ». — Ah ! que cela est donc amusant de voir la raison en discuter la légitimité de ces sentiments-là ! que cela donc est puéril ! — N'est-ce pas, MM. les savants de la Compagnie, vous avez la réponse aux lèvres : « le cœur a des raisons que la raison ne connaît pas. » Qu'est-ce que cela peut bien nous faire, — à nous qui avons pour tâche, non de vivre la journée d'après-demain mais expressément celle d'aujourd'hui, — que ces sentiments-là aient ou n'aient pas d'état civil scientifique, philosophique ou métaphysique ? Ils existent. Ils sont humains. A n'en pas douter, ils sont en nous. Ils sont en nous comme la faim. Ils existent comme ce sentiment fort, qui s'appelle l'amour, existe au cœur des êtres jeunes. Ils existent, puisque depuis cinq ou six mille ans, ils ont été, en Europe, en Asie, en Afrique, en Grèce, à Rome, dans les Gaules, le plus puissant moteur des masses humaines.

Ah ! quelle place elles tiennent donc dans l'histoire, ces passions-là ! De l'histoire, elles sont la trame même. Et l'histoire de l'avenir je ne sais pas trop ce que cela sera ; mais quant à l'histoire du passé — déjà longue ! — nous savons bien ce qu'elle a été. Et tous, vous avez assez fréquenté l'Ecole primaire, pour savoir que l'histoire se peut résumer en deux mots : amour profond des êtres humains pour leur sol ; — ou violent appétit de s'emparer d'une terre plus douce, afin de faire, en ce lieu convoité, le songe de la vie. Amour de la Patrie ; désir ardent d'une Patrie : c'est là toute l'histoire.

Ce *Credo* nous suffit à nous : il faut nous y tenir.

Le Capitaine, à cette heure-ci, n'a pas la mission de vous instruire : il a seulement la mission de vous émouvoir, s'il se peut. Il ne s'agit pas d'être un pion ; il faudrait — ah ! je le sais bien ! — il faudrait être un peu poète. La poésie, les hommes simples, l'ont toujours comprise. C'est pour un public de bergers qu'ont été composés les premiers et les plus doux chants.

Lors donc que j'ai prononcé, à plusieurs reprises, cette petite phrase qui n'avait l'air de rien ? « Une Compagnie, c'est une personne morale, » j'avais mon idée. Je me disais : nous en reparlerons de cela. Nous aurons, là encore, une occasion de nous expliquer, de nous mieux connaître. Il faudra que je leur explique cela, à mes braves soldats ; il faudra qu'ils le sentent : que nous devons, à la compagnie, ne former à nous tous qu'une seule et même personne, n'avoir qu'un seul cœur !... Allons ! voilà du pain sur la planche ! Voilà encore une « conférence morale » à faire à mes hommes.

« Personne morale ! »... « conférence morale ! »... Que de morale, grands dieux ! Que tout çà va donc être ennuyeux ! — Rassurez-vous ! Tout cela, vous allez voir que ce n'est ni plus ennuyeux, ni plus glacé qu'autre chose... Une personne, dites donc ! cela vit !...

Il y a quelques années, je montais souvent à cheval avec un vieil officier retraité. C'était mon parent. Nous causions librement. Un jour, il me dit :

— « Tu y crois, toi, aux conférences morales ?... — Moi, pas... Oui, je le sais bien, on en parle beaucoup. C'est à la mode... Vois-tu moi, quand j'étais au service, à mes soldats, je leur donnais de bonnes gamelles ; et je les « collais dedans comme des lapins. » Çà marchait bien. Et c'était çà, mes conférences morales ! »

Je lui répondis :

« — En ce temps-là, il y avait une autre conférence morale, autrement éloquente que les nôtres : — c'était la guerre ! Vous êtes d'un autre temps. Vous êtes des temps héroïques. Vous avez eu d'autres soldats. Avec eux, vous fîtes la guerre. La bataille, oui, la voilà, la vraie conférence morale. Dans cette fournaise-là, tout se fond, tout se mêle. Les éléments les plus hétérogènes, mis ensemble dans ce creuset, y sont portés à une si haute température morale, que leur mélange devient intime et indestructible. — A quoi bon parler alors ? La voix du canon est autrement forte et éloquente que n'importe quelle voix humaine. Sous les balles et sous la mitraille, dans les dangers qu'on affronte en commun, dans la mort qu'on brave en face, une personne peu à peu vient au monde, une personne morale, n'ayant qu'un seul cœur : cette personne, c'est la fraction à laquelle on appartient... Cette fraction-là, — compagnie, bataillon, régiment, — elle est brave si les chefs sont braves ; et, si les soldats sont braves, cela fouette encore l'entrain du chef et le rend encore plus brave. De mystérieux échanges se produisent ; et une sorte d'émulation naît, entre des gens qui s'entre-regardent pour voir quelle tête ils font, et qui tous, souhaitant d'égaler le voisin, deviennent tous supérieurs à eux-mêmes. »

Et voilà ce que je disais à mon vieux parent retraité.

Et un officier, qui avait été dans les colonies, me disait, d'autre part :

— « J'ai marché sous les tropiques, en des pays divers, avec des troupes bien disparates : avec des légionnaires, au milieu desquels il y avait des Allemands, des Italiens, des Suisses, des Suédois... que sais-je ?... J'ai marché avec des nègres, avec ces sénégalais si brillants, si ardents, si enragés au feu !... Ah ! il n'y a pas besoin de les pousser ceux-là. Il faudrait plutôt les retenir, à pleins bras, commes des chevaux qui auraient trop de sang. C'est eux qui entraînent leurs cadres. A fond de train, les voilà partis où il y a des coups de feu ! Le chef, à la course derrière eux, s'époumonne à crier : halte ! à ces grands diables, pour les empêcher parfois d'aller donner dans une embuscade. — J'ai marché avec des Arabes, batailleurs, généreux, fanatiques et dévoués : une matière militaire hors ligne ; — avec des compagnies d'infanterie de marine, dans lesquelles il y avait un peu de tout, et parmi lesquelles des héros, soudain, se révélaient, dès que les circonstances devenaient critiques ; — avec des Tonkinois, qui valent ce que valent les chefs, et auxquels il faut beaucoup donner de soi-même si l'on veut qu'ils « rendent » quelque chose ; — avec des Hovas, enfin, mous et un peu pusillanimes. — Eh ! bien, avec ces soldats-là, si divers, si disparates, avec tous ces soldats-là, d'où qu'ils vinssent et quels qu'ils fussent, il n'y avait plus besoin, je te l'assure, de conférences morales, du moment qu'avec eux l'on était parti en « colonne ».

« En garnison », c'était parfois des troupes bien ennuyeuses... Mais, dès qu'on « marchait », ah ! mon cher, tous ces gens-là, si différents, si hétérogènes, ils se soudaient ensemble et ils se soudaient au chef... Quand on se retournait et qu'au hasard d'une échappée on apercevait, dans la jungle, la longue file indienne, on avait une émotion ; on sentait que ce long ruban, frêle et mince, c'était un petit morceau de la France...

« Ah ! non, il n'y avait pas besoin, à partir de ce moment-là, de conférences morales ! On ne leur disait rien. De temps en temps, on passait devant eux, muet, sans dire un mot, en les regardant seulement droit au fond des yeux. C'était tout. Dans ce regard appuyé, profond, significatif, il n'y avait qu'une pensée, qui était comprise. C'était : « Vous êtes mes soldats. Je vous aime. En vous est ma confiance. » Et, dans leurs regards à eux, qu'ils fussent nègres, arabes, légionnaires, marsouins, Tonkinois ou Malgaches, il y avait cette pensée : « Chef, nous t'aimons. Quand tu passes au milieu de nous, nous sentons bien que c'est toi notre âme. Nous nous donnons. En toi est notre confiance. Et haine, ici, à tout ce qui n'est pas toi, à tout ce qui n'est pas « nous autres », à tout ce qui n'est pas la France.

« Oui, tous ces gens-là, ils prenaient puissamment conscience d'eux-mêmes. Ils s'objectivaient dans l'espace. Leurs cœurs simples ressentaient les deux grands sentiments simples : l'amour et l'aversion. Spontanément, ils s'érigaient en un bloc homogène, en une seule et même personne, en une personne morale, dévouée, passionnée, généreuse. La plupart n'étaient pas Français ; et, pourtant, ils sentaient la France en eux. Ils détestaient l'ennemi, — un ennemi qui n'était point le leur, qui ne leur avait rien fait, qui n'avait point fait de mal à leurs aïeux, un ennemi vague, mystérieux, mal défini.

« Au milieu de cette nature violente et souvent hostile, si différente de la nôtre, si peu pareille à la douce France, les Européens, les soldats blancs se groupaient, se serraient, se sentaient les coudes, se sentaient les cœurs à travers l'étoffe de leurs vareuses.

« Et quand il y avait des coups de feu ; quand une balle, d'aventure, sifflait un peu trop près au-dessus ou autour du groupe, toutes les têtes, instinctivement, se tournaient du côté de l'officier. On le regardait. Quelle contenance avait-il ? quel visage ? Et, dans ces regards, il y avait aussi une tendre sollicitude : — « on ne lui a pas fait de mal, au moins ?... Il ferait beau voir qu'on touchât à un cheveu de sa tête, à celui-là !... »

Et voilà, mes chers amis, ce que me racontait un jour un officier colonial...

Mais voilà aussi que, sans m'en douter, sans le vouloir, sans dessein préconçu, voilà que je vous ai fait entrevoir ce que c'était que cette fameuse personne morale. Je ne l'ai point définie... Elle s'est levée devant vous ; elle s'est mise à vivre et à marcher.

Eh ! bien, a-t-elle une figure ennuyeuse cette personne-là ? N'est-elle point séduisante et noble ?...

N'y aura-t-il point plaisir à chercher à lui ressembler ? — Nous lui ressemblerons, mes amis, si vous le voulez. Peu à peu elle naîtra, elle aussi, cette personne morale qui sera *notre compagnie*.

Oui, je crois qu'elle naîtra. Elle naîtra peu à peu à force de vivre ensemble, de parler ensemble, de nous émouvoir ensemble ;à force de nous trouver réunis sur la place d'exercices, dans les champs, aux revues, aux manœuvres, — et ici, dans cette chambrée. Elle naîtra quand nous nous connaîtrons bien et que nous nous estimerons.

Je disais à mon vieux parent :

— « A tout prendre, ces causeries, je ne crois pas que cela les ennuie, les soldats. Non, cela ne les « rase » point. Les soldats sont plutôt contents. Ils sont un charmant public... Ils sont assis. Ils sont ensemble. Ils ne sont pas à l'exercice. On est dans la chambre. Il y fait bon. Pas de pluie, pas de neige, pas de bise. Et puis, on ne leur « commande » rien. Et on ne les interroge pas. Pas d'angoisse au sujet de la réponse à faire. Au vrai, c'est une récréation... C'est un bon moment. »

J'ai dit : « c'est un bon moment » pour les soldats. Mais oui. — Et pour le capitaine, mes amis ! ah ! c'est pour lui que c'est un bon moment !... C'est ici, c'est dans cette chambrée, — vous avez dû le deviner déjà, — que je vis mes meilleures minutes. C'est ici, au milieu de vous, que j'éprouve les sentiments les plus doux, et aussi les sentiments les plus forts, les plus excitants, les plus enivrants de mon métier... Le verre de vin le plus capiteux, celui qui me monte le plus à la tête, c'est ici que je le bois, dans le moment que je vous parle, je n'ai point honte de le dire.

Ce sentiment puissant qui s'appelle la « joie de vivre », et qui vous gonfle la poitrine, on ne l'éprouve pleinement que quand on est un peu « monté », un peu ému.

Le capitaine est ému au milieu de vous. Vous avez deviné cela, à coup sûr. Ça se voit. On ne joue pas, mes amis, la comédie de l'émotion, ce serait trop difficile ; et il y a dans les plus simples d'entre-vous, un tact mystérieux qui déjà les a avertis que les sentiments exprimés ici étaient des sentiments profonds, ardents, sincères. La sincérité, cela touche. On n'en rit point. Et l'ironie viendrait se briser là-contre.

Mais oui, le capitaine, au milieu de vous, l'émotion le gagne. Et quand il a fini, quand il s'en va, quand il traverse la cour, quand il est dans la rue, il est encore tout vibrant et sonore,

Et il se demande si l'écho qui frémit au-dedans de soi-même résonne encore dans les cent-cinquante têtes, qui étaient tout-à-l'heure attentives autour de lui... Il à confiance. Sa foi s'est affirmée et confirmée. Il est optimiste. Il est joyeux. Il se sent meilleur. Il est rassuré sur l'avenir.

Il pense : « Le trouble sacré que je ressens encore, peut-être que mes soldats l'ont ressenti aussi... Quand, pendant l'espace d'une seconde seulement, ils auraient éprouvé un certain petit frisson, ni mon temps, ni mes forces ne seraient perdues. — Evidemment, une assemblée d'hommes qu'on a élevée pendant quelques minutes au-dessus de son niveau habituel, ne peut pas toujours demeurer exaltée ; elle ne peut pas rester « en l'air » ; elle tend, peu à peu, à reprendre son niveau ; mais tout de même elle demeure à jamais un peu supérieure à elle-même. L'amour, cela est chaud et vivifiant comme le soleil ; il ne se peut pas que cela soit tout à fait infécond. Et quand il n'y aurait, à cette chaleur-là, que quelques graines qui auraient germé, — qu'une seule graine ! — eh ! bien, je suis content ;... je me déclare assez payé... »

Les voilà ses réflexions, au capitaine. Je vous les dis, mes amis, pour qu'enfin vous le connaissiez. Il ne faut pas qu'un seul soldat puisse dire : « Moi, je ne demanderais qu'à me donner ; mais on ne me « demande » pas... Ces hommes-là, les officiers, on ne sait jamais ce qu'ils ont « dans le ventre ». On ne les connaît pas. Ils sont trop loin de nous. Nous ne savons pas s'ils nous aiment. ».

Ils vous aiment. Ils aiment leurs soldats, les capitaines. Et je ne crois pas qu'il y ait, dans toutes les armées du monde, un homme qui soit plus apte à aimer ses soldats que l'officier français. D'ailleurs, c'est sa vie. Comment voulez-vous qu'on ne se « prenne » point à ce qu'on fait ?

Un menuisier qui, pendant vingt ans, a peiné et sué sur son établi, aime son établi ; comme le forgeron aime sa forge ; comme le vigneron sa vigne ; comme le paysan la terre. On s'attache à tout ce qui est usuel, quotidien, familier. Et pourtant, toutes ces choses-là, que je viens de dire, elles sont inanimées. Inertes le rabot et l'enclume ; et la terre est souvent ingrate. Si l'homme aime ces choses, s'il s'y attache, si, de les quitter, il en souffre, c'est que l'homme, voyez-vous, est un très brave animal. Il met, à s'adapter, une touchante bonne volonté. Dans un pareil amour, il met beaucoup de soi-même. L'ouvrier se donne ; l'époux se donne ; la mère se donne : et c'est ainsi, en fin de compte, que s'usent les machines humaines... L'homme, encore une fois, est un brave animal, très généreux.

Mais, vous, les soldats, comment ne vous aimerait-on pas ? Vous êtes vivants ! Vous êtes du sang et des nerfs ! Vous réagissez, vous « rendez ». Vous vous donnez. L'officier, dans cette affectueuse union, n'apporte que sa part. Il y a la vôtre. Des deux côtés, ce mariage-là est un mariage d'amour...

Il faut qu'il y ait ainsi, des deux côtés, un mutuel plaisir à se voir, à se retrouver. Dans la cour, sur la place d'exercices, sur le champ de manœuvres, le capitaine arrive. De loin, il aperçoit un fourmillement confus de képis rouges et de bourgerons. De loin, au milieu des classes, le capitaine cherche « les siens ». Il cherche les figures connues, les bonnes figures roses et avenantes, charmantes de jeunesse, de franchise, de confiance. Et il a un petit sursaut.

— « Ah ! les voilà, les miens ! voilà mes têtes familières. Voilà mes soldats. Je les reconnais. »

Il vient de quitter sa maison, sa famille ; et c'est une autre famille qu'il retrouve. — Avec confiance il va au devant de ses hommes ; et il leur plante son regard dans les yeux... Et si les soldats ressentent, à voir leur chef, une émotion de cette nature-là, alors, c'est que la compagnie « est faite » ; c'est qu'elle a fortement pris conscience d'elle-même ; c'est qu'elle est devenue cette « personne morale », qui doit naître, et qui n'est point, vous le voyez, une froide abstraction, mais une réalité, bien concrète et bien vivante.

Et cette personne-là, cette compagnie, il faut désormais qu'elle ait son cachet, sa physionomie. Il faut qu'elle ne soit point pareille aux autres. Il faut qu'elle soit comme un vin, qui n'est peut-être pas supérieur au vin du clos voisin, mais qui, tout de même, a son parfum, sa couleur et son bouquet, qu'on reconnaît entre tous les autres... Mais non ! mais sans doute ! cette compagnie-là, ne sera pas supérieure aux voisines ; elle sera simplement « différente » ; elle aura sa cocarde ; on la reconnaîtra ; on la reconnaîtra, quand on la verra passer, fusils sur l'épaule, devant le poste ; on la reconnaîtra à une manière particulière qu'auront le hommes de saluer ; à ce que je ne sais quoi, enfin, d'indéfinissable qui, tout de même fera dire : « Ceux-là ! on voit bien d'ou ils sont ;... ils ont comme une marque de fabrique. »

A vous les anciens, un mot :

Quand la classe est libérée, chaque année, à l'automne, vous devenez vous autres, les héritiers, les gardiens de la tradition de la compagnie. Vous êtes comme le noyau et comme l'âme de cette personne morale. Et, quand les jeunes soldats arrivent, quelques semaines plus tard, c'est autour de ce noyau-là, constitué par vos personnes, que doit se concréter et se former la nouvelle personne morale, qui doit être pareille à celle de l'an passé, pareille à ce qu'elle fut les années précédentes, identique, ou, d'année en année, supérieure à elle-même.

Et vous avez de grands devoirs, les anciens. J'ai besoin de votre collaboration, vous m'entendez bien, pour la mettre chaque année au monde, cette personne-là, qui doit être « la compagnie ». L'enfanter seul, je ne le puis. Il faut que vous m'aidiez.

Soyez joyeux et soyez fiers de cette collaboration que je vous demande. Dans la vie, — vous le verrez plus tard, — on n'aime réellement que ce qu'on a créé, que ses œuvres, que ses enfants. Je vous offre ceci : la joie de créer quelque chose. Qu'un souffle d'orgueil gonfle dans vos cœurs, à vous, les anciens ! grandissez-vous devant vous-mêmes, à la pensée que vous voilà en possession de donner la vie à quelque chose ; en possession de donner aux recrues qui arriveront, non seulement les conseils et les enseignements qu'on prononce avec les lèvres, mais encore, chaque jour, à chaque heure, à chaque minute, l'exemple ! — l'exemple plus instructif que tout ; l'exemple d'une vie saine, nette, droite, courageuse, laborieuse, honorable.

J'ai eu, une fois, dans ma compagnie, une grosse satisfaction : Parmi les recrues, voilà qu'une sorte de vaurien m'arrive, un voyou haineux, gangrené, perverti à fond. Il apportait au régiment trois condamnations, dont une pour vol. A peine arrivé, ce jeune soldat fit, avec une froide préméditation, de parti pris, tout ce qu'il put et tout ce qu'il fallait pour se faire envoyer dans les compagnies de discipline. Il avait la nostalgie des camarades vicieux. Chez nous, — chez vous, mes amis, — il ne trouvait pas à qui parler. Dans la compagnie, il y avait trop d'honnêtes gens. Oui, chez nous, cela « sentait » trop l'honnête homme, positivement. A cette atmosphère-là, le vagabond haineux ne put se faire : — il partit.

Satisfaction négative ? — soit ! mais très significative. Et à côté de cette satisfaction-là, nous en eûmes d'autres, heureusement très positives. Car combien de recrues douteuses n'ai-je pas vues, à votre contact, devenir des troupiers modèles, et des citoyens irréprochables ?

C'est votre œuvre, cela, à vous, les anciens. Elle n'est pas mince. Vous êtes ceux qu'on regarde. On vous regarde, quand on arrive ici, avec des yeux tout « frais », dans lesquels se gravent les images. Quiconque en secret commet une faute, il peut être digne de pitié. Mais celui-là n'est digne que de mépris qui, avec impudeur, accomplit devant les autres une vilaine action.—Vous pouvez faire, les anciens, un bien incalculable. Et vous pouvez faire beaucoup de mal. — Je serai impitoyable, — je serai dur — pour quiconque ici donnerait le mauvais exemple. — Car un ancien qui fait du mal à sa compagnie, son bras atteint la France. Car il y a des milliers de compagnies. Ensemble, elles forment le bouclier et l'épée du pays. Ne faussez pas ces armes sacrées. — Ne faites pas de mal à la France... Assez d'autres s'en chargent à travers le monde.

Et à vous, jeunes soldats, un mot aussi.

Jeunes soldats ! oui l'on vous appelle et l'on vous appellera ainsi encore pendant quelques mois. Suivons la coutume. Gardons ce mot de « jeunes soldats ». L'expression est jolie ; elle fait image ; elle évoque un visage sympathique et séduisant : — la charmante figure de la jeunesse !

Eh ! bien, j'ai besoin aussi de votre collaboration. Parmi vous, il y en a qui ont plus d'instruction et plus d'aisance que les autres. Ils sont tenus, ceux-là, à plus de gratitude envers la mère commune. Quel coup d'épaule ils peuvent me donner, ces enfants privilégiés, s'ils ne sont point des fils ingrats ! Eux aussi, on les regarde. Eux aussi, ils parlent. Ils savent parler. On les écoute. Ils peuvent faire un bien énorme—et non pas seulement à la compagnie, mais à la Patrie. Et je ne leur demande point de discours. Je ne leur demande que leur exemple,... que de dire tout bas, autour d'eux, quand le capitaine est parti : « Comme cet homme-là a eu raison ! »

Ainsi donc : sympathie et estime réciproque des soldats et des chefs ; amour de la fraction dont on est ; collaboration et exemple des anciens, gardiens de la tradition ; collaboration et exemple des plus cultivés parmi les jeunes soldats : à ce prix-là, nous serons tous solidaires ! — Le chef, il faut qu'on le suive... Le voyez-vous ? là-bas ? Le voilà parti, sabre haut, au pas de course : — « En avant ! »... Et toute la compagnie, doit se ruer, irrésistible ! — Elle n'a qu'un cœur, dans deux cents poitrines...

Les soldats d'une compagnie, mes chers amis, c'est comme les petites balles renfermées dans l'ogive du schrapnell : toutes ces balles-là, elles frappent ensemble ; elles ont la même force, le même élan, le même vol serré et meurtrier.

Une compagnie comme celle-là, c'est une personne qui passe partout, qui partout fait son trou, et qu'on ne massacre pas,... parce qu'on en a peur. Elle est vraiment la reine des batailles ! — et elle est invulnérable...

Notre compagnie aussi, n'est-ce pas mes amis, elle passerait partout,... s'il le fallait ?...

III

Les Punitions.

LES PUNITIONS.

Au commencement et à la fin de cette conférence, on exprime des idées générales sur les punitions et sur un système d'éducation qui consisterait précisément à ne point punir : entre les deux parties de la conférence est encadrée l'histoire d'un soldat qui fut très souvent puni, — et pour lequel on fut très souvent clément.

Et cette allocution, qui s'appelle : « Les Punitions » pourrait porter comme titre : « La Clémence », ou « La Bonté », car c'est cette idée-là qui plane sur tout le discours, — lequel ne menace point, mais cherche à toucher.

LES PUNITIONS.

J'ai infligé hier à un soldat de la compagnie une punition grave : de la prison.

Accident ? fait isolé ? — je veux le croire.

Aussi, ne parlerai-je point ni de cette punition (qui n'a rien en elle-même de particulièrement intéressant), ni du soldat puni (dont, il ne siérait point de faire une sorte d'épouvantail).

Laissons le cas particulier. Par contre, je tiens beaucoup à dire ici, devant vous tous, ce que je pense des punitions, en général.

J'y tiens, parce que, depuis que je suis capitaine, j'essaye avec persévérance, sans me décourager, d'appliquer un système qui, tout bonnement, consisterait à ne pas punir, et dont il vous appartient, à vous de prouver s'il est bon, ou si décidément il est mauvais. Vous avez là, devant vous autres, devant ceux qui vous suivront ; vous avez, dans le présent et dans l'avenir, une responsabilité qui n'est pas mince, je vous prie de le croire. Vous pouvez les abolir, les punitions, les « tuer » ; ou les faire vivre à jamais.

Rien que ça !

Aussi, considéré-je cet entretien comme capital. L'année commence. Il s'agit d'aiguiller le train sur la bonne voie. Je saisis donc de suite l'occasion qui s'offre à moi. Et, comme il n'est pas mauvais d'ajouter quelques images aux pages du livre pour le rendre plus clair, je vous raconterai, chemin faisant, une histoire : — celle d'un soldat, qui fit jadis partie de cette compagnie, que personne n'a connu et que je m'abstiendrai d'ailleurs (respect aux absents !) de désigner autrement qu'en l'appelant X...

Les punitions !... ah ! que voilà donc un vilain mot ! — et une vilaine chose ! Et que voilà donc un sujet que je n'aime pas ! Comme il est peu digne de notre pays, de nos institutions, d'une République, et du degré de civilisation, de culture et de moralisation que nous devrions avoir atteint au vingtième siècle ! — Est-ce qu'en 1904 les générations que la France envoie à la caserne devraient être menées par la crainte ? Est-ce que cela n'est pas indigne de vous, la peur ? Vous êtes la portion la plus saine du pays ; la plus saine physiquement, la plus saine moralement. Tous les tarés, quels qu'ils soient, sont exclus d'ici. Il n'y a, parmi vous, que des gens bien portants et que des gens parfaitement propres. Ceux qui ont eu des condamnations graves ne sont point ici. Vous êtes la fleur de la France. Vous êtes un auditoire devant lequel on est si heureux d'agiter de nobles pensées !

Et le fait est que voici une chambrée où vous vous êtes déjà réunis autour de moi ; où, plus d'une fois, vous vous retrouverez encore, assis autour du capitaine, et où l'on évoque d'ordinaire d'autres images que celles des locaux disciplinaires et de la cellule de correction.

Ah ! non, le sujet des punitions je ne l'aime point ! Mais il y a une chose qui fait encore plus horreur à un officier que les punitions ; — c'est la faiblesse. Paternel et bon, soit ! mais π baderne » et « bénisseur », çà, non !... Il faudra en « faire votre deuil »... Avis aux amateurs ! — avis à ceux (mais il n'y en a pas ici) qui auraient des velléités de se mal conduire !... Une punition — une punition méritée — c'est comme un coup d'étrivière appliquée à pleins bras : il faut que ça marque ! Il faut que cela retentisse dans toute la compagnie. Il faut que le mauvais sujet (... mais encore un coup, est-ce qu'il y en a ici !) en ait la « chair de poule » !

Voilà.

Et je disais donc que j'ai dû mettre un des vôtres en prison.

Mais parbleu ! la prison, la salle de police, est-ce que l'on ne sait pas que c'est le pain quotidien du soldat ?... On est dans le métier pour celà... Quand on arrive au régiment, sitôt la grille franchie, on tend le dos... Quelle est la tuile qui va me tomber sur la tête ! Où est-il le caporal, le sergent, l'officier qui va me prendre en faute, me rudoyer, me « coller au bloc » ? —Méritées ou non, il faudra en « bouffer » des punitions ! — La gamelle et « la boite », c'est bien connu : voilà le lot du troupier ! Voyons !

où est-elle la salle de police ! — Ah ! c'est ce pavillon-ci ? Allons ! au revoir !... Tendons le dos... et résignons-nous !

Oui dà ? — Eh ! bien, mes amis, tout de même, vous avez dû avoir une surprise agréable... Et j'imagine que vous voilà rassurés, hein ? Dissipée, n'est-ce pas ? cette vague terreur de la petite recrue ? — « Sont-ils bien couchés ? Mangent-ils bien ? Est-on gentil avec eux ? Il faut leur faire la vie douce... aussi douce que possible ! leur faire sentir qu'on les aime... comme de jeunes amis... comme des frères cadets. » Voilà ce qu'on a dit. — On vous a fêtés. Le chef du régiment a prescrit que, dans chaque compagnie, on offrirait aux recrues un bon dîner, — qu'on boirait à la santé des nouveaux venus... Et ce ne fut pas, évidemment, un banquet à dix francs par tête... Mais quelle cordialité dans cette attention, — et aussi dans l'intention, dont on dit souvent qu'elle « fait tout » ! — En somme, on vous a fait bon visage.

Oui, nous vous avons montré notre vrai visage : non pas celui que nous prêtent ceux-là qui jamais ne nous ont vus de tout près, mais le visage qu'illuminent, n'est-ce pas ? l'affection et la sollicitude.

Enfin, l'on vous a mis « en confiance ». C'est que vous n'aimez pas çà les punitions ! — Mais, nous non plus, nous ne les aimons pas. Nous les avons en horreur. Quand, pendant un mois, la situation d'une compagnie demeure toute blanche, vous n'imaginez pas la joie intime du capitaine. — « Allons ! tous ces braves gens-là sont sages ! Ils forment un heureux ensemble, net et propre. Ah ! qu'ils font donc plaisir à voir ! quelle jolie et saine famille, reluisante, de vive allure, pleine d'entrain ! »

Mon Dieu ! oui ; c'est cela qu'il pense le capitaine. Il n'entre pas au quartier roulant dans sa tête de féroces projets de répression et de sévices. Il ne prémédite ni sévérités, ni duretés.

Et il n'entre point dans les chambrées de ses soldats comme le loup dans la bergerie, cherchant quelqu'un à dévorer... Et quand le sous-officier ou le lieutenant lui signale une faute commise, ses yeux ne pétillent pas de joie ; et il ne dit pas : « Tant mieux !... voilà donc ma proie de ce matin. » Non : son premier sentiment est un sentiment de tristesse...Il dit:« Voyons!... Ce n'est peut-être pas si grave... » Il épuise la liste des circonstances atténuantes. Il retourne ingénieusement le fait dans tous les sens, afin qu'il s'offre à ses yeux sous son jour le plus favorable.

Et c'est dans de pareilles dispositions d'esprit que je dus plus d'une fois (oh ! oui plus d'une fois !) punir ce soldat X..., dont je vous ai promis l'histoire. Elle est tout à fait ce qu'il me faut, cette histoire. Car, d'un côté, voilà un soldat qui a été très souvent puni ; et, d'autre part, je ne connais point de soldat envers lequel on ait aussi souvent usé de la bonté. En voilà un, je vous prie de le croire, à propos du quel je les ai épuisées, les circonstances atténuantes ! En voilà un, à propos de qui je me le suis souvent prononcé à moi-même le plaidoyer de l'indulgence ! En voilà un, qui a souvent cherché — et trouvé ! — le chemin de mon cœur !... Parlons de lui. L'exemple est bon. Pour nul, hélas ! on ne fut plus souvent clément.

Voici la copie de son livret :

Donc, le 15 novembre 19.., il arrive, comme appelé, dans un bataillon de chasseurs à pied.

Le 2 janvier 19.., six semaines après son incorporation, — je lis : « 3 jours de salle de police : « était en état d'ivresse au moment de l'appel du soir. »

Trois jours de salle de police — pour ivresse — vous voyez que ce n'était pas beaucoup. Le capitaine n'a pas été bien méchant. Une première faute ! un jeune soldat !... n'est-ce pas bien naturel d'avoir la main légère ?... Le capitaine fut clément : vous le verrez, ce mot reviendra comme un refrain.

En Août de la même année, voici une punition grave, infligée par le général de division : soixante jours de prison dont huit de cellule de correction : « A commis un acte d'indélicatesse chez son hôte, lequel n'a pas voulu porter plainte. »

Faut-il commenter ? C'est à peine utile, n'est-ce pas ? Pour ceux qui, par hasard, ne comprendraient pas bien le sens de ce mot indélicatesse, je dirai donc que c'est l'appellation atténuée d'une faute qu'en termes plus sévères on nommerait un vol. — C'est du joli, comme vous le voyez ! Et la faute a été commise chez qui, au détriment de qui ? — Au détriment de l'hôte, de la personne sacrée entre toutes, de celle qui a logé, qui a prêté son toit, sa maison, parfois son lit ; qui s'est gênée ; qui quelquefois a donné à manger et à boire ; qui a trinqué avec les soldats. Et, pour récompenser cette gêne, cette complaisance et, souvent, cette générosité, à cette personne-là, à cette personne sacrée entre toutes qu'est l'hôte, on lui dérobe... allons ! n'ayons pas peur du mot : on lui vole quelque chose qui fait partie de son bien.

Poursuivons. Je ne dirai que les fautes graves, et sommairement.

En janvier 19.., 7 jours de prison : « escalade du mur de la caserne, la nuit ; ivresse. ».

En mars, 15 jours de salle de police :« ivresse».

En août, 15 jours de salle de police :« ivresse ».

En septembre, 15 jours de prison : « ivresse ».

C'est le cinquième cas d'ivresse.

Mais cette fois-ci, la faute est particulièrement grave et vaut que nous nous arrêtions un instant. Car, on est aux manœuvres d'automne, c'est-à-dire en campagne, c'est-à-dire, en somme, en guerre. Le soir donc, au cantonnement, X.... manque à l'appel du soir. Il est quelque part, ivre. Le lendemain matin, il manque au départ du bataillon.

Ainsi, voilà les camarades partis. Sac au dos, l'arme à la bretelle, ils s'en vont gaiement, dans le frais matin, sentant dans leurs jeunes poitrines cette « joie de vivre », bien connue des bons soldats, et qui vient du corps reposé, de l'aube qui naît, et d'une conscience heureuse. Et, quelque part, dans un coin du village, X... est couché, cuvant son vin, pendant que les camarades s'en vont... à la bataille. — Bataille simulée, soit ! Mais enfin, supposons que nous fussions en guerre. — La guerre, autrefois, n'était-ce pas le pain quotidien du soldat ?... Comme voilà un cas d'ivresse malheureux ! Comme cette faute-là est terrible ; et comme elle est féconde en enseignements pour vous, les jeunes gens !

Oui, supposez un instant qu'on eut été en guerre... Moi, je l'ai connu X... Il avait des défauts graves. Et je n'ai point l'air, en ce moment, d'un monsieur qui fait son panégyrique. Mais enfin, si j'ai le droit de parler de lui avec sévérité, j'ai le devoir, en tout cas, d'en parler avec justice. Eh ! bien, X..., je l'atteste, n'était point un lâche. Il n'était pas un lâche. Il aurait su, comme vous tous, se faire trouer la peau, à l'occasion. Cet impulsif avait un fond de générosité ; — à quoi il dut, si souvent, d'être traité avec une inlassable indulgence.

Bref, vous imaginez-vous alors son désespoir, à cet ivrogne, quand il s'éveille mal dégrisé, et quand il apprend avec stupeur que son bataillon est parti ?... On est en guerre, encore une fois... C'est un jour de bataille... Au loin, on entend le grondement du canon et le crépitement de la fusillade... Cet ivrogne, qui encore une fois, n'est pas un lâche, le voilà donc parti, sans sac, sans fusil, désorienté, errant, le cœur chaviré de chagrin et de honte, le voilà parti à la recherche du numero de son Bataillon, à la recherche du rang, où l'on se sent si solide, si à l'aise, si encadré et « calé » entre les coudes des deux voisins habituels... Ah ! qu'est-ce qu'il ne donnerait pas, en ce moment, pour les sentir à côté de soi ses voisins, un tel et un tel ! Qu'il voudrait donc les avoir à sa droite et à sa gauche, et marcher entre eux deux, le fusil à la main, dans la ligne de tirailleurs !

Le voilà qui commence le châtiment ! Concevez-vous, jeunes gens, combien cette âme est déjà torturée ? Est-ce qu'il s'appelle : prison, ce châtiment-là ? — je vous le demande ?

Alors ?... Alors, il y a donc des châtiments moraux ? Alors, il y a donc quelque chose qui s'appelle le remords ? Il est seul X... Aucune voix extérieure ne s'est élevée pour lui reprocher sa faute. Il l'entend pourtant cette voix : c'est au-dedans de lui qu'elle parle !... Alors ? — Alors, il y a donc quelque chose qui s'appelle le Devoir ? Ce n'est donc pas un vain mot ! De ne pas l'avoir fait, son Devoir, la bête en souffre donc, dans ses instincts profonds, comme de ne pas avoir mangé ?

Avez-vous bien réfléchi à cela, jeunes soldats ? avez-vous songé que toutes les punitions ne s'accomplissaient pas dans les locaux disciplinaires, entre la cruche et la tinette ?

Et, voulez-vous toute ma pensée ? Eh ! bien

je suis convaincu que X... a moins souffert dans sa cellule, en accomplissant sa peine, qu'il n'a souffert, traînard, esseulé, séparé des siens, le matin du jour où il s'est mis, à travers les chemins de terre et les labours, à la recherche de sa compagnie.

Ah ! qu'on le prend donc bien ici sur le fait cet attachement profond qu'a le soldat pour sa fraction, pour son escouade ! Comme vous le connaîtrez vite, mes amis, ce sentiment-là ! Il s'appelle d'un mot qui a un visage sévère, mais dont vous comprendrez plus tard la hautaine et forte beauté, il s'appelle « Discipline... ».

Revenons à X... La faute, que je viens de dire parut grave à l'autorité supérieure. Je lis, en effet, sur le livret : « Passé au 109e Régiment d'Infanterie par mesure disciplinaire, (Décision de M. le Général commandant le 7e corps d'armée). »

Encore une punition toute morale ! Elle signifie, cette punition :

« Puisque tu as abandonné les tiens un jour de manœuvres, un jour de bataille, eh ! bien, c'est que es indigne, décidément, de demeurer parmi eux. Tu t'es enivré, tu les a laissés partir... tu les as « lâchés ». Eh ! bien, ils te rejettent d'entre leurs rangs. Tu n'es plus digne de manger la soupe et de boire le café dans une escouade que tu as laissé partir à la bataille, tandis que tu demeurais dans la paille à cuver ton vin. Tu es le membre indigne de la famille. La famille te jette à la porte. Dehors ! »

Ai-je eu raison, déjà à plusieurs reprises, de vous dire que la compagnie était une « personne morale » un ensemble homogène, — une famille ? Oui, à tout prix, il faut que cet esprit de solidarité — j'y reviens toujours — existe chez nous. Il faut que nous soyons soudés ensemble ; que nous formions un seul morceau de métal dur, un bloc d'acier fin, harmonieux et solide, — sans une scorie.

X... arriva donc à cette compagnie.

Son passé était lourd. Il se recommandait assez mal. On aurait pu être prévenu contre lui.

Le capitaine ne fut pas prévenu contre X... Le capitaine remonta ce soldat, le consola, essaya de lui redonner le goût de la propreté morale et de la bonne conduite, l'appétit bienfaisant d'une certaine allégresse intime, qui est une satisfaction douce pour le cœur des justes et leur première récompense. — Cette « scorie » inerte et réfractaire, il s'évertua à la fondre à une flamme qui d'ordinaire est puissante : — à la flamme de l'affection. — Le passé ? — Effacé ! ignoré ! mieux encore, aboli ! — A partir d'aujourd'hui, une vie nouvelle commençait. Ah ! que cela allait donc être agréable et séduisant, — et nouveau ! — d'être un brave petit garçon, aimé des camarades, estimé des chefs ! D'ailleurs X... avait ému la pitié de son capitaine. Il lui avait confié des histoires de famille, des histoires intimes — que je n'ai point à raconter ici, et qui demeureront entre X... et moi. Toujours est-il que ma pitié fut acquise à ce soldat. Il s'était vite aperçu, sans doute, du parti qu'il pouvait tirer d'histoires de famille (d'ailleurs vraies); et il avait deviné que j'étais un monsieur dont on pouvait facilement émouvoir la sensibilité.

Je ne m'en défends point. C'est vrai : elle est toute prête, cette sensibilité ! Mais, pour Dieu ! mes amis, qu'on ne l'exploite jamais ! Quand le capitaine a reconnu qu'il s'était trompé, qu'il s'était donné à tort à quelqu'un qui ne le méritait point, oh ! alors, quel mouvement de recul ! Les braves gens sont ainsi, vous le savez bien : en matière d'affection, il y a une chose qu'ils ne pardonnent pas facilement : c'est une déception.

Bref, en janvier 19.., je me le rappelle très bien, X... rentra en retard et légèrement ivre. — Encore !

Quelle punition infligea le capitaine ? Huit jours de prison ? — Non ! vous n'y êtes pas. Le capitaine, en rédigeant le motif, passa l'ivresse sous silence. Il infligea seulement quatre jours de consigne, — pour retard. Oui, il s'est dit, après un petit drame intime de conscience :

« Au fait, si nous essayions de toucher, d'émouvoir — d'étonner ! notre petit soldat par un phénomène d'indulgence !... Pardonnons-lui. Le pardon ! cela est si doux à qui pardonne ; et si salutaire, parfois, à qui est pardonné !

Et la voilà à l'œuvre, tenez ! les jeunes gens, la personnalité du chef ! sa personnalité, une chose que vous connaissez encore mal, une chose complexe, faite de pitié, de sévérité, d'indulgence, d'amour de la discipline, d'affection, de sollicitude, de justice ! — Un chef qui punit, cela n'est pas un distributeur automatique de punitions, comme il y a des distributeurs automatiques de tickets ou de sucres d'orge. Vous le connaissez encore mal le chef. Il est bon qu'il se révèle à vous, qu'il fasse voir le mécanisme secret de son cœur. Il faut que vous le compreniez, cet être humain. Et il faut que vous compreniez aussi qu'il y a des sentiments sacrés dont il ne faut jamais mal user, et qu'il ne faut jamais mettre son chef dans le cas de penser : « J'ai eu tort d'être bon ! »

Malheur à qui fait prononcer cette parole-là ! Quel tort il fait aux camarades !

Avec X..., j'eus tort d'être bon. Dans le mois qui suivit, X... rentra complètement ivre et souilla sa literie : trente jours de prison, dont 8 de cellule.

Ah ! l'ivrognerie, l'alcoolisme, quel horrible vice, ignoble, dégradant, engendrant toutes les fautes, toutes les tares physiques et morales, tous les chagrins, tous les drames militaires, civils, familiaux !

En juillet de cette année-là, 60 jours de prison dont 8 de cellule. « Etant en état d'ivresse, a causé du scandale sur la voie publique en se battant avec des civils ». Plainte en conseil de guerre. Il était facile au capitaine de profiter de l'occasion et de se débarrasser de X... à tout jamais. Pourtant, encore une fois, tous les chefs du régiment eurent pitié : ils firent des rapports où l'on concluait à la clémence. Il y eut une ordonnance de non-lieu. Et X... revint prendre sa place à la compagnie...

Je vous l'ai dit, c'est un refrain : dans toutes les occasions graves, nous fûmes indulgents pour ce soldat.

Sur ces entrefaites, la classe fut libérée, — celle à laquelle appartenait X... Quand un soldat libérable (n'oubliez pas ça, les jeunes soldats) a subi, pendant la durée de son service, 8 jours, 15 jours, 30 jours... 59 jours de prison, il est maintenu au corps pendant 8 jours, 15 jours, 30 jours... 59 jours. Mais quand il a subi 60 jours de prison, ou plus, alors il passe devant un conseil de discipline. C'était le cas de X... Il pouvait être maintenu au corps pendant une durée variant entre 3 mois au minimum et un an au maximum. Si l'on ne considérait que le total des punitions de X..., et leur extrême gravité, pas de doute, X... devait être maintenu au corps pendant un an.

Que fit le capitaine ? que firent les chefs de X ?... Encore une fois ils furent cléments. Jamais la clémence, l'indulgence, la commisération, tous les sentiments les plus généreux de l'âme humaine, ne furent invoqués aussi souvent qu'en faveur de ce soldat. Tous les rapports que je fis sur lui avaient le droit — avaient le devoir — d'être des réquisitoires ; et tous ces rapports, trempés de pitié, finissaient par un plaidoyer. Bref, X..., qui cent fois méritait d'être maintenu pendant un an après la libération de ses camarades, fut maintenu seulement pendant 6 mois.

Et vous pensez tous :

— « Ah ! bien, en voilà un qui, après toutes les leçons reçues, après avoir si souvent bénéficié de l'indulgence de ses chefs, en voilà un qui a dû, au moins, se tenir désormais tranquille ! »

Non. X... ne se tint point tranquille. Quelques

jours à peine après la libération de la classe, il reprenait le chemin de la prison.

Il en sortit. Je le présentai au Colonel. Et je me rappelle encore la scène, que je vous raconterai, parce que je la trouve justement symptômatique d'une certaine « mentalité » chez les chefs, qu'encore une fois, vous ne connaissez pas assez bien. Le Colonel, vous pensez bien qu'il connaissait ce troupier-là, comme je le connaissais moi-même : il était célèbre. Et il contempla sans colère, d'un œil paternel, la petite figure incompréhensible de ce petit soldat, haut comme une botte, qui se gouvernait si mal...

Et cela est vrai que X..., on le regardait toujours avec ces yeux étonnés et un peu tristes qu'on a pour un enfant terrible, qu'en dépit de tout l'on ne saurait haïr... Le cœur des chefs, vous apprendrez, je vous le dis, à le connaître, mes amis !... Mais voilà que X..., tout « de gô » prend la parole :

— « Mon Colonel, j'ai à vous demander : 1° d'être consigné sur parole jusqu'à l'époque de ma libération ; 2° d'être employé au casernement afin d'avoir l'esprit plus occupé. »

Le Colonel est touché. Il sait gré à ce petit soldat d'un pareil effort, du sacrifice volontaire qu'il fait de sa liberté, de son désir ardent d'être préservé contre soi-même. Il y a plus de joie, n'est-ce pas, pour un pêcheur retrouvé... Et, bien volontiers, il accorde ce qu'on lui demande.

Hélas ! c'était gentil d'avoir ainsi spontanément donné sa parole !... mais alors, comme cela est donc vilain d'avoir manqué à cette parole ! C'est ce que fit X..., vous le devinez. Par deux fois, il sortit et rentra ivre...

Que vous dirais-je mes amis ? Voilà une longue et triste odyssée. Mais qui d'entre-vous, dont les esprits sont justes et les âmes saines, qui d'entre vous, jeunes Français dont la qualité maîtresse est dit-on, le bon sens et l'esprit d'équité, qui oserait dire que X... a été, au cours de sa vie militaire, victime d'une injustice ? Dans le fond de vos cœurs, c'est à lui que vous donnez tort, impitoyablement, et non pas à l'institution militaire. Et la plus sévère de ses punitions, je vais vous la dire : c'est que chacun pense en ce moment, à propos de lui :

— « Il fut puni souvent, mais ce fut bien fait ! »

Tout à l'heure, au cantonnement, le plus terrible de ses châtiments, nous l'avons compris, c'était le remords ; et, à présent, c'est votre blâme muet, à vous tous, les camarades de celui qui n'est plus ici et que vous ne connaissez même pas. C'est votre blâme muet qui est le plus sévère de tous les verdicts.

Sur l'ensemble des choses, sur les institutions en général, sur nous autres, les chefs, pris en bloc, vous avez parfois des idées toutes faites, qui courent vaguement dans la rue, dans le cabaret, dans le village, dans l'atelier... et qui ne sont pas toujours justes.

Il y a comme cela, une quantité de formules, qui circulent comme de vieilles pièces de bronze usées et réformées : cela ne vaut rien ; mais c'est égal ; on n'y regarde pas de trop près ; et un gros sou déclassé, on le met dans sa bourse.

Le bon sens avisé des enfants des Gaulois corrigera peu à peu de lui-même ces erreurs de jugement sur l'ensemble des choses... Mais, ce qu'il y a de certain, c'est qu'à propos des cas particuliers, à propos des cas concrets, les soldats ne se trompent jamais. Vous voyez juste.

Vous sentez généreusement. Car vos âmes sont limpides et saines.

Et comme je suis donc aise de pouvoir éprouver, à l'excellente pierre de touche que vous êtes, la qualité des sentiments que j'exprime en ce moment ! Combien je suis donc aise de les prendre ici, comme en flagrant délit, votre clair bon sens et votre esprit avisé ! que je suis heureux de pouvoir vous les servir, vous les faire toucher du doigt, votre propre verdict et le jugement que vous projetez hors de vous-mêmes.

Il est sans indulgence ce jugement.

Vous êtes, vous, les camarades, plus sévères que moi-même. Ce n'est pas moi, le savez-vous bien, qui le fais en ce moment le procès de X..., non ; c'est dans vos cœurs à tous qu'il se fait ce procès-là ! — Ah ! la bonne, la fructueuse collaboration ! Elle naîtra peu à peu, je vous le dis, en vérité, cette personne morale, qui sera « la compagnie » ; et mes meilleurs collaborateurs, — ce sera vous !

Ce sera vous, mes amis, mes meilleurs collaborateurs : je vais vous dire pourquoi.

Parce que vous comprendrez qu'un soldat qui

décidément s'obstine à se mal conduire, c'est à vous même, c'est à la communauté qu'il fait du mal. Oui, à vous.

Le mauvais soldat, il enseigne une chose : que l'indulgence est naïve, que la bonté est bête, que la confiance est dupe, que la pitié est dérisoire. Le mauvais soldat, il enseigne que tous ces sentiments sacrés, délicats, ombrageux, qui sont l'honneur de l'âme humaine, il enseigne que tous ces sentiments-là sont des instruments de commandement impuissants et débiles. Il brise en notre main cet outil fragile et délicat qui s'appelle la clémence. De pareils individus, non seulement, ils sont la honte, mais ils sont encore, je vous le dis, les pires ennemis d'une assemblée d'hommes comme la vôtre. Ils nous découragent de la bonté. Ils changent peu à peu et aigrissent une âme ; ils y ruinent lentement la foi, la foi en l'éducation ; ils apprennent au capitaine que, décidément, c'est à coups de punitions qu'il faut conduire ses soldats et qu'enfin, à être bon, il perd son temps.

Oh ! ce n'est point malaisé de conduire ses

hommes à coups de punitions ! Il n'y faut ni grande ingéniosité, ni gros labeur. Pas besoin de s'évertuer et de donner, à chaque instant ses poumons et un peu de son cœur. Une faute est commise ? — appliquons le tarif. Cela peut se faire en demeurant dans son fauteuil ; et, de cela, la paresse du chef se peut accommoder.

Un historien philosophe (1) disait l'autre jour : « Notre tâche est plus difficile que celle de nos ancêtres ; il est plus difficile d'élever pour la liberté que pour l'obéissance. » Parole profonde et dense qui, dans une chambrée, signifierait ceci : qu'il est plus facile, encore une fois, de sévir et de se faire craindre que d'émouvoir, que d'éduquer, que d'enthousiasmer, que de convaincre.

C'est à vous de choisir.

Pour nous, notre choix est fait ; et, si vous le voulez, cette tâche, plus malaisée à accomplir, c'est celle-là précisément que nous choisissons ; c'est celle-là que nous aimons ; c'est celle-là que nous trouvons digne de nous autres et digne de vous. Mais ne nous en « dégoutez

(1) M. Ernest Lavisse.

pas ». Ne découragez pas la foi des hommes de bonne volonté. Ne condamnez pas, vous-mêmes, un système d'éducation destiné à augmenter votre propre bonheur. N'enseignez pas au chef, croyez-moi, qu'il ne doit pas être bon.

Votre destin, jeunes gens, pendant les années ou les mois que vous demeurerez avec nous, vous le tiendrez dans vos mains. Avant d'arriver au régiment, il y en a qui pensent ceci :

— « La caserne ? — Une grande cour morne, entourée de bâtiments épais, où, éternellement, tournent en rond trois ou quatre malheureux, chargés d'un sac très lourd et dont les bretelles leur coupent les épaules. Eternellement, ils vont, le nez baissé, les yeux à terre, tournant autour d'un sergent qui, tel un geôlier, a des clefs dans la main... Ils vont, tels des prisonniers dans un préau... Le voilà, le raccourci de la caserne ! En voilà l'image philosophique et synthétique (1) ! »

(1) L'image s'est un peu modifiée depuis une récente circulaire de M. le Ministre de la Guerre. Mais la conférence était écrite avant l'apparition de la circulaire : on n'a pas voulu la modifier. Le raisonnement subsiste d'ailleurs, dans toute sa force.

Eh ! bien, tout à l'heure, quand je serai parti, que ceux qui ont apporté ici cette opinion-là, regardent par la fenêtre. Ils reconnaîtront, parmi les 3 ou 4 hommes qui tournent en rond, les visages connus de ceux qui dans tous les régiments, hélas ! sont les célébrités, les habitués des locaux disciplinaires. Alors, qu'ils méditent ! Je leur demande, quand ils auront réfléchi sur le sens de ce spectacle, je leur demande de dire si la caserne c'est cette cour, où éternellement 3 ou 4 mauvais drôles feront l'exercice des punis, ou si la vraie caserne, c'est ici ; si c'est cette chambrée, dans laquelle nous vivons ensemble les minutes réconfortantes, où la figure de la France, évoquée par notre commune aspiration, est vivante et présente au milieu de nous...

Je leur demande de dire si la caserne du présent c'est 3 ou 4 vauriens punis ; ou si c'est enfin cette chambrée où un officier ose parler de la bonté.

Et ce mot de « bonté », sera mon dernier mot.

IV

En permission.

« EN PERMISSION. »

Il est d'usage, au moment des permissions générales (... le jour de l'an, Pâques), que le capitaine saisisse l'occasion qui lui est offerte d'exprimer devant ses soldats quelques idées saines. Ces idées peuvent aller plus loin que les murs de la caserne : elles peuvent aller un peu jusqu'à la nation.

La présente allocution est donc susceptible d'avoir une certaine portée ; et il a semblé qu'elle rentrait dans le programme de l'Education morale des jeunes citoyens qui sont pour un temps soldats.

« EN PERMISSION. »

Demain, à l'occasion des fêtes, une partie des soldats de la compagnie vont partir en permission. Pour un très grand nombre, ce sera le premier congé, les premières vacances, la première prise de contact entre le soldat et le civil.

C'est, en quelque manière, un événement « social » que celui-là. Car cet exode, n'est-ce pas ? n'est pas spécial à la compagnie. Les milliers d'unités d'Infanterie, de Cavalerie, d'Artillerie du Génie, qui constituent l'armée française et le bloc imposant de la Force, vont envoyer en permission, une partie de leurs effectifs. Les casernes de la France vont ouvrir leurs portes. Les rues des villes vont être parcourues par d'allègres détachements se rendant à la gare, en effets du dimanche, musette en sautoir (... comme elles marchent déjà bien ces recrues !... ma parole, on dirait presque des anciens !...) pendant plusieurs jours, les trains vont être bondés de soldats ; et, sur tout le territoire de notre pays, dans toutes les villes, dans tous les hameaux, dans toutes les fermes, sur tous les chemins, dans toutes les carrioles, on apercevra des képis rouges, des capotes bleues, des manteaux de cavalerie, des bottes éperonnées, qui sonneront lourdement, avec autorité, d'un air martial...

L'armée va donc se répandre dans la nation ; elle va se trouver en contact avec le pays, avec les citoyens d'une grande République. Oui, ils seront rares dans le pays les « civils » auxquels manquera l'occasion de frotter leurs jaquettes ou leurs blouses contre les uniformes des soldats ; rares ils seront, ceux qui n'auront pas une occasion de parler à des soldats ; d'embrasser des soldats ; d'écouter, je dis : d'écouter des soldats.

Oui, l'on va voir cela... Si, du haut d'un ballon, l'on pouvait (la chose est impossible et ce n'est qu'une hypothèse), mais enfin si l'on pouvait, du haut d'un ballon, embrasser, d'un coup d'œil, toute la surface du territoire, on aurait, au-dessous de soi, un panorama d'ensemble, tout à fait social, très synthétique et philosophique : une bigarrure significative, un mélange intime des deux France, des deux démocraties, l'une habillée en uniforme, l'autre habillée d'effets civils... Cette image-là, est-ce qu'elle est sensible à vos yeux, mes amis ? Et vous pensez bien que mon but n'est pas seulement de faire surgir soudain dans vos imaginations une saisissante image plastique. — Non. — Ce sont les conséquences morales d'un pareil contact qui me préoccupent.

Mes amis, vous allez pouvoir faire à notre pays un très grand bien. Dans tous les cœurs des citoyens, ce que vous allez pouvoir fortifier, c'est la foi dans les institutions essentielles que s'est données une des plus grandes nations du monde. Vous allez pouvoir proclamer une chose que disent ceux qui font nos lois, mais qu'il est indispensable que disent aussi ceux qui les exécutent ; une chose que j'aurais donc joliment perdu mon temps et ma peine si vous ne l'aviez pas déjà comprise : à savoir la nécessité et la sainteté de l'institution militaire...

Mon dieu, oui ! voilà ce que vous avez, voilà ce que vous tenez dans vos mains, dans vos humbles mains de petits troupiers : la possibilité de faire un peu de bien à l'âme même de la Patrie ! — Rien que çà ! Quoi ? déjà ? Déjà, je pourrais faire du bien ? Ainsi, moi, le petit soldat, voilà que le capitaine est en train de dire que je vais pouvoir faire du bien à cette grande France, où je croyais tenir si peu de place ! Oui-dà ? — Ecoutons-çà. Çà vaut la peine... Et si c'est vrai, je serai joliment fier.

Mais, oui. Les soldats vont pouvoir accomplir ce qu'on appelle une « bonne action sociale ». Car les paroles que je prononce ici, en ce moment, il est vraisemblable qu'elles sont prononcées, presque en même temps, par des centaines de capitaines devant des milliers de soldats. Et le bien, la bonne action qu'un individu accomplit, si cette bonne action-là est isolée, elle est évidemment perdue comme une goutte d'eau dans la mer ; mais si elle est multipliée par plusieurs mille, alors, au bout du compte, quels gros chiffres !

Je disais tout à l'heure : on vous interrogera, on vous écoutera beaucoup, les soldats. Jeunes gens, prenez garde à vos paroles. Le sujet est grave. Il n'est pas de ceux qu'on traite sous jambe. Il s'agit de la vie, — ou de la mort. Que l'émotion s'empare de vous quand vous parlerez de l'armée, du régiment, de la caserne, des officiers. Devenez dignes, croyez-moi, sérieux, conscients de votre responsabilité de jeunes enfants de la France, quand vous laisserez tomber de vos lèvres des paroles qui pourront être la bonne parole — ou qui pourront être le mauvais levain, le poison, le virus qui, peu à peu, s'insinue jusqu'au cœur, et qui tue...

Mais oui, petit troupier, hier enfant, tu vas être désormais un homme parlant à des hommes. Tu auras ta main pleine de bons grains, ou pleine de chardons. La glèbe de France est sous tes pieds : détends ton bras ! accomplis le geste héréditaire du semeur qui t'est si familier: — auras-tu le courage de semer des chardons et « d'empoisonner » ta terre ?...

Et ce que j'ai à vous dire est simple. Nous vivons sur un capital d'idées simples, de sentiments simples, de passions simples. Tout cela est à votre portée : il ne s'agit que de le sentir fortement.

Et d'abord, jeunes gens, on va vous plaindre, je le sais. — Eh ! bien, croyez-moi, laissez-vous plaindre... un peu ; — pas trop ! Mais oui, je sais bien que d'être plaint par les siens, par la famille, par les mères, les sœurs, les fiancées, je sais bien que cela est doux, que cela chatouille agréablement la sensibilité. Il est doux d'être choyé, caressé, « dorlotté » ; l'illusion est douce de redevenir un instant, sous la capote bleue et les épaulettes rouges, de redevenir un instant « le petit », celui qu'on berçait, celui qu'on consolait, celui à qui l'on essuyait les yeux. Pour la mère, on reste presque toute sa vie durant « un petit », qu'elle s'étonne, ma foi ! de voir accomplir des gestes d'homme. La volupté douce qu'on ressent à être plaint est un sentiment très humain. La vie est dure, après tout : et l'on aime assez voir les autres sortir un instant de leur égoïsme et ouvrir les yeux sur son propre cas. A tout âge, même quand on grisonne, il est infiniment doux de sentir sur son front la fraîcheur d'une caresse de femme...

En s'apitoyant sur vous, mes bons amis, les femmes seront dans leur rôle de femmes. Elles feront ce qui est conforme à leur génie. Faites, vous, ce qui est dans votre rôle : elles seront femmes ; soyez des mâles. C'est la façon de mériter leur estime. Toutes ces affectueuses démonstrations, tout ce tendre apitoiement, toute cette gentille sensibilité, tout cela, croyez-moi, ce n'est qu'un gracieux bavardage ; tout çà, ce n'est que des caresses un peu plus douces, plus expressives et plus directes ; tout çà ne correspond au fond à rien de réel, à rien de profond, à rien de vrai. Accueillez tout cela sobrement. Et n'insistez pas ! ne commettez pas la maladresse de vous plaindre : vous « tueriez la poule aux œufs d'or ». Cette gentille musique superficielle est écrite pour soli ; en duo, çà ne va plus du tout.

Et c'est tellement vrai, mes amis, que toutes ces caresses-là ne sont plus qu'un affectueux bavardage, qu'une façon plus éloquente de témoigner sa tendresse, c'est tellement vrai que, si nous étions en guerre, si — au lieu d'arriver chez vous en qualité de permissionnaires — vous rentriez dans vos maisons ayant déserté la bataille, ayant laissé les autres mâles se faire trouer la peau, eh ! bien, non seulement, il n'y aurait pas, dans vos maisons, une personne pour plaindre le déserteur, une personne pour le féliciter de s'être soustrait aux périls de la guerre, mais encore que toutes les femmes et toutes les filles du pays vous diraient :

— « Comment, tu as fait cela, toi !... Mais tu n'as donc pas de sang dans les veines !... Mais tu n'as donc pas de cœur !... Mais tu es donc un lâche ! »

Les femmes vous mépriseraient. Ah ! elle se ferait bien juger dans le pays, la fille qui épouserait un déserteur ! Le ménage aurait de jolies noces !

C'est que les femmes françaises, voyez-vous, ont une notion très claire du devoir : cette notion-là, elles ne l'ont pas puisée dans les livres ; et elle n'a rien de littéraire. Le devoir, les femmes ont çà dans la peau, comme la maternité est

LE ROMAN D'UNE DÉSERTION

Il s'est produit dans la compagnie un événement dont il est impossible qu'on ne parle pas.

Le caporal X... a déserté.

Que je le veuille ou non, dans les chambrées on parle de çà, on donne son avis... Eh ! eh ! l'avis du soldat, il a quelquefois du bon. Et j'ai idée que, plus d'une fois, entre sept et neuf heures du soir, quand les soldats sont assis en rond sous la lampe et qu'ils devisent, j'ai idée que, plus d'une fois, dans plus d'une chambrée, on a prononcé une phrase comme celle-ci : « Tout de même, le caporal X..., il ne doit pas être à la noce tous les jours ! »

Eh ! bien, puisqu'on en parle tant de cette affaire-là, parlons-en donc ! — Et gageons que nous avons là-dessus, vous et moi, à peu près la même opinion ?...

Quand le capitaine parle à ses soldats, en effet, avez-vous remarqué ce curieux phénomène : — que ce n'est pas, en général, son propre sentiment qu'il exprime, mais presque toujours le vôtre, qu'il libère et qu'il vous révèle à vous-mêmes ? Un juge avisé, et fin, et droit, et sévère, je vous l'ai dit, sommeille, en tous vos cœurs. Quand je vous parle, ce n'est point au-dedans de moi que je plonge mon regard intérieur ; non, je regarde vos yeux ; et c'est au-dedans de vous que je cherche à voir clair. Les mots que je prononce, je tâche de les déchiffrer au fur et à mesure, dans une âme de soldat, dans l'âme de cette personne collective, — si intelligente ! d'esprit si prompt ! — qui est « la compagnie ». Et savez-vous bien que je n'ai la sensation d'avoir tout-à-fait raison que dans les moments où j'exprime, non pas mes idées à moi, mais les vôtres ? — Ma plus douce récompense, ce serait qu'on dit tout bas, quand je suis parti : « Ce n'est pas nouveau, ce qu'il a dit, le Capitaine : — nous le pensions ! »

Tenez, en ce moment même, voilà que le branle est donné ; voilà que le silence se fait plus lourd ; voilà que vous vous mettez tous à penser : voilà qu'en même temps que votre souffle sort peu à peu de vos poitrines un sentiment imprécis, mal formulé, sans contours nets, un peu nuageux. Dans ce nuage-là, tâchons ensemble de mettre un peu de lumière. Voyez-vous, moi, je n'apporte que la lanterne : et c'est votre pensée à vous que j'éclaire. Il n'y a rien comme une assemblée pour avoir de l'esprit et pour penser juste. — Malheur à l'homme seul !... Oh ! il est joliment seul, en ce moment, j'imagine, le pauvre caporal X... ! Il a joliment oublié que l'animal humain était un animal sociable ; qu'il était construit pour vivre dans « sa » communauté dans « sa » société, dans « sa » famille. C'est toujours la même chose, voyez-vous : on est de sa race, — et de sa ruche : — abeille folle, qui s'en va toute seule pour construire sa maison !

Et d'abord, mes amis, avant de vous révéler à vous-mêmes votre propre pensée (qui est que X..., n'est-ce pas ? n'est point heureux), voulez-vous me faire crédit, s'il vous plaît, d'une opinion personnelle ? — Eh ! bien, je vais vous faire une prédiction :

Le caporal X... reviendra.

Et il ne reviendra pas, comme dit la chanson, « à Pâques ou à la Trinité ».

Non ! Il reviendra à la compagnie. Nous le verrons. Nous lui parlerons.

Et j'aperçois là-bas, un sceptique, qui pense : « Hem !... hem !... il me semble qu'il s'avance beaucoup, le capitaine... Et si X... ne revenait point ?... Il serait tout de même un peu attrapé, le capitaine ! » — Mon Dieu ! oui ; je cours la chance de me tromper. Il est bien évident que je ne parie pas à coup sûr... Mais notez bien que si le caporal X... ne rentre pas demain ; s'il ne rentre que dans un an, ou dans deux ans, ou dans dix ans, ma prédiction n'en sera ni infirmée ni affaiblie.

Les probabilités (et, à partir de maintenant, vous allez voir que nous allons recommencer à être parfaitement d'accord), les probabilités sont pour moi. Les statistiques d'abord. Je ne les connais pas exactement. Mais, tout de même, je gagerais bien que, sur cent déserteurs, les statistiques prouveraient qu'il y en a 90 qui reviennent en France (j'entends, qui reviennent spontanément ; qui disent aux gendarmes : « Me voici : arrêtez-moi »). Vous voyez qu'ayant par avance 90 chances % d'avoir raison, je n'ai pas, en somme, un si grand mérite que çà à prédire l'avenir. — Reste 10 % des déserteurs. Ceux-là, ma foi, je ne sais pas trop ce qu'ils deviennent. Ils se font un peu casser la tête ici ou là. Ils vont, sous un faux nom, à la Légion étrangère. Ou bien ils s'engagent et servent dans d'autres Pays... (ah ! ce métier militaire, quelle tunique de Nessus, hein ? — pas moyen de s'en débarrasser !) — ou bien, enfin, ils contribuent à peupler les prisons de l'Etranger. — Et sur mille déserteurs, y en a-t-il un, un seulement, dont on puisse dire qu'il a « réussi », qu'il est prospère ? — Eh ! eh ! j'en doute... Il faudrait voir...

Et voilà pourquoi, — sans être sorcier, — je prédis, vous entendez bien : je vous prédis que nous reverrons le caporal X...

Et j'en vois un, là-bas, à ma droite, qui sourit

et qui me regarde d'un œil malicieux. Et il pense : « Parbleu ! ce n'est pas malin, ça ! Le capitaine a reçu de X... — ou d'un tiers — une lettre qui lui annonce tout simplement un prochain retour. Il est renseigné, averti ; et il a beau jeu à faire le devin. »

Non ! Je vous affirme que non. Encore un coup, je ne parie pas à coup sûr. La comédie serait peu digne de moi. Je ne sais que ce que vous savez vous-mêmes : rien de plus.

Le caporal X... est donc parti en permission de quatre jours. — Il n'est pas rentré. — On l'a porté manquant. — Les jours ont passé : on l'a porté déserteur. Des rapports de la gendarmerie sont arrivés au corps : successivement, ces rapports nous ont appris que X... avait quitté en compagnie d'une jeune fille, une localité des environs de Paris ; qu'avec cette femme il était arrivé dans un port de mer, à Dieppe ; qu'enfin, vraisemblablement, il s'était embarqué à destination de l'Angleterre.

Je ne sais rien de plus que cela.

Les événements qui se déroulent actuellement et dont le caporal X... est le héros, je les ignore ;

— nous les ignorons tous. Mais si, sur les cinq actes de la pièce, nous n'en connaissons bien qu'un seul : le premier,... (et, quant à moi, j'ai prédit par avance quel serait le cinquième acte, le dénouement), en revanche, il y a quelqu'un que nous connaissons tous parfaitement bien : c'est le personnage principal, qui évolue à travers les scènes du drame. C'est quelque chose. Nous tenons la donnée principale. Nous pouvons peut-être essayer de reconstruire par induction, et tant bien que mal, le reste et le centre de la pièce.

C'est ce que nous allons essayer de faire. Donc, nous connaissons tous le caporal X... C'était (oui, je l'avoue), un des enfants de prédilection de cette compagnie. Il avait un visage sympathique ; quelque chose d'un peu mélancolique et d'attachant ; des manières douces et avenantes. Evidemment, il ne manquait point d'un certain charme. Et, sans doute, ce silencieux, — un peu « eau dormante », — avait une vie intérieure assez abondante... Eh ! eh ! cette « vie intérieure », savez-vous bien que c'est fort probablement ce délicat mécanisme-là qui finira par faire sonner en lui la sonnerie douce de l'heure du retour. C'est cette vie intérieure qui lui fera éprouver l'irrésistible désir de revoir le ciel natal ?... J'y compte beaucoup, moi, sur cette « vie intérieure » !

X... était employé au bureau. Chaque fois que j'entrais dans la chambre de détails, je retrouvais avec plaisir la tête familière de cet écolier sage et studieux ; et, à son salut déférent, je répondais par un amical bonjour. Et certes, celui-là n'est pas parti en haine de moi, en haine d'aucun de ses chefs, en haine de notre métier, en haine des camarades, en haine de la Patrie !... C'était un « doux » et un « tendre » : il ressentira douloureusement le mal du pays, le mal de l'absence. Il sera « l'enfant Prodigue », je vous le dis, celui qui, décidément, ne peut pas se passer de la tiédeur du sein de la mère, et qui reviendra transi, se réfugier dans son giron. Et c'était aussi une âme inquiète, ayant, plus qu'une autre, besoin d'équilibre, besoin d'un centre de gravité constitué par le devoir défini et précis ; le besoin instinctif de la forte armature toute prête, de la forte armature qui, bien rarement, est une

« gehenne », et qui est, presque toujours, un robuste étai moral. La Règle, la Discipline : il n'y a rien de tel, voyez-vous, pour ceindre les reins et pour donner au corps et à l'âme de la solidité et de l'endurance — et j'ajouterai de la gaieté. — Il faut être un fameux lutteur, mes amis, pour se passer de ce « corset de maintien ». Ni X..., ni vous, ni moi, — ni personne, allez ! — nous ne sommes le « surhomme » ; et la Règle, encore une fois, c'est une bonne partie de notre hygiène morale et de notre santé physique.

Eh ! bien, ce jeune Français, qui se croit sans doute d'une trempe supérieure, et qui a eu la prétention d'affronter la vie, la dure vie, en se passant de la Règle, de la Patrie, et de tous les contreforts sociaux, voulez-vous que nous le voyions un peu aux prises avec les difficultés de l'existence ?... De temps à autre, vous m'accorderez bien qu'il pense à nous, X... ? Vous m'accorderez bien que, de temps en temps, il suit la compagnie par la pensée, depuis le réveil jusqu'à l'extinction des feux ? — Rendons-lui la pareille. Les voyages forment la jeunesse !...

Faisons ensemble ce voyage ; et allons nous instruire. La Patrie, nous la regardons toujours du dedans ; quittons-la quelques instants, afin de la pouvoir contempler de l'extérieur : aspect nouveau, qui sera peut-être fécond en enseignements.

Allons, si vous le voulez bien, retrouver notre ancien camarade dans la pauvre petite chambre (au fait ! vous ne pensez pas qu'il habite un palais, n'est-ce pas ? — Moi non plus !) où il s'est réfugié. Ce garçon-là, il a fait comme moi, comme vous, comme nous tous, un certain rêve de bonheur. — Rêve si légitime !... Le bonheur !... Est-ce que, tous, nous n'aspirons pas à être heureux, à être aussi heureux que possible ? — C'est bien notre droit. Et j'imagine même que c'est un peu notre devoir. Car pendant cette course au bonheur, dont nous poursuivons le fantôme jusqu'au moment de descendre dans la tombe, chemin faisant, de temps en temps, nous accomplissons une bonne action ; et ces bonnes actions-là, l'on sait bien que c'est le plus clair du bonheur. La façon la plus simple de devenir un homme heureux, c'est encore d'être un

Juste... Vous verrez cela plus tard, — bientôt ! — futurs époux, [illegible]uturs pères, futurs citoyens, futurs notables, ... [illegible]is-je ? — Je disais donc : voyons un peu comment il le réalise, le caporal X..., son rêve, son légitime rêve de bonheur. Il n'est point, à ce qu'il me semble, un Juste : — est-il donc un homme heureux ?

J'en doute ! — Et je vous disais : je le vois par la pensée, dans sa pauvre petite chambre misérable. C'est le soir... Bon moment ! pour quiconque, ayant fini sa journée, retrouve au logis, sous la lampe allumée, les objets familiers et les êtres chers. Bon moment ! pour quiconque porte en soi la satisfaction de la tâche faite, du salaire gagné, du « Devoir accompli » ! C'est l'heure où s'insinue en vous le charme subtil de la Patrie. Et c'est une heure, aussi, longue à passer sur la terre d'exil. Cette heure-là, n'apporte au caporal X... qu'un cortège de tristes pensées : ce sont les déceptions d'hier ; ce sont les inquiétudes de demain, l'effroi de l'avenir menaçant et noir ; ce sont les soucis, le découragement, les amertumes, l'insécurité, le froid, la faim, les froissements, les humiliations, toutes les peines de la catégorie sentimentale et de l'espèce pratique ; tout ce qui fait souffrir le corps et tout ce qui fait souffrir le cœur ; c'est la sensation déprimante de se sentir noyé, submergé au milieu d'individus d'une autre race, parlant une autre langue, et parmi lesquels on n'a ni un parent, ni un ami, ni un protecteur, — ni même un maître (eh ! eh ! notre ennemi n'est pas toujours notre maître) ; c'est le sentiment d'être une épave, d'être peu de chose, d'être un individu amoindri, diminué, d'être un jouet, quelque chose de ballotté et de bafoué. Toutes ces impressions-là, elles pèsent de tout leur poids sur l'âme fatiguée du caporal X..., et elles la font fléchir. Il est triste comme tous les hommes las et déprimés... Et dire que, demain, il faudra recommencer ! gravir encore ce calvaire ! se remettre à battre le pavé des rues longues, inconnues, innombrables ! heurter de nouveau aux portes hostiles ; affronter encore les questions méfiantes et soupçonneuses de gens peu bienveillants, un peu prévenus, ayant comme un air de juges !

Dans combien de maisons anglaises n'est-il

dans le sang des femelles. Eh ! oui,; il faut en dire un mot, à l'occasion, des femmes : car vous êtes des hommes. Vous serez les compagnons de ces femmes-là. Il faut vous prendre pour ce que vous êtes : non pas pour des espèces d'entités abstraites, mais pour des êtres humains munis de leurs racines, de leurs attaches et de leurs prolongements. Le vieux geste ancestral du Devoir, c'est l'homme, sans doute, qui en a imposé l'habitude à la femme, — comme la société impose à l'homme ce même geste d'un autre devoir. On ne viole pas ces lois-là.

Dans la vie, il n'y a un peu de joie, un peu d'estime, un peu de « considération », que pour les gens qui le font, leur devoir. Eh ! bien ! elles le font, les femmes, leur devoir. Vous savez ça aussi bien que moi et avec quel courage elles « besognent » dans la maison. Ah ! en fait de cœur, et d'aptitude à souffrir, et d'abnégation, et d' « altruisme », et de sobriété, et d'endurance, ah ! les femmes pourraient en remontrer à beaucoup d'hommes ! Elles pourraient faire honte de leur paresse à bien des hommes ! Ah ! oui, elles s'y connaisent, celles-là, en fait de devoir. Je vous garantis qu'elles l'exécutent le vieux contrat qui leur fut imposé par dame nature ! Prenons exemple sur elles, nous autres ! et tâchons d'être, en ce qui nous concerne donc, de scrupuleux observateurs aussi de ce contrat qui est expressément, le contrat social...

Ah ! les braves femmes ! qui s'oublient au point de trouver encore, dans leurs journées si pleines, le temps de plaindre les hommes !... Oui, c'est vrai ;... mais n'oubliez pas qu'elles ne plaignent que ceux qui, précisément, ne se plaignent pas.

Eh ! bien, mes amis, si vous voulez garder leur sympathie et mériter leur estime, montrez-leur des gars de belle humeur, d'une belle santé morale ; non pas tristement résignés à leur devoir, mais disposés à l'accomplir avec rondeur, — et avec orgueil. Fortifiez dans l'esprit des femmes cette conviction que l'armée est utile. Les femmes sont les éducatrices. La France entière leur passe par les mains. Elles font la fortune des idées justes.

Et j'ai dit tout à l'heure : il faut faire son devoir avec orgueil. C'est vrai. Devenez des gens importants. Vous en avez le droit. Car, aujourd'hui, vous faites vraiment partie de la société. Vous n'êtes plus ni des enfants, ni des protégés. L'Etat c'est vous. C'est vous la France. C'est vous les abeilles utiles de la ruche. Vous les avez vues quelquefois, hein ? ces abeilles-là, piquer de leur dard, sur le pas de leur porte, les frelons qui voulaient entrer, attirés par l'odeur du miel ?

Hier, dans la maison, dans cette grande maison qu'est l'Etat, vous étiez hébergés, logés, nourris, instruits, comme des hôtes, comme de jeunes hôtes auxquels on fait crédit volontiers, et qui n'ont encore que des droits. Mais la maison, aujourd'hui, c'est vous, vous m'entendez bien, c'est vous qui la bâtirez, qui la réparerez, l'entretiendrez, l'ornerez, la fortifierez, la défendrez. Vous étiez hier, comme tous les enfants, de charmants et d'inconscients égoïstes. Des droits ; — pas de devoirs ; — droit à la soupe, droit à votre lit, droit au toit, droit à vos jeux, droit à l'école, droit à l'apprentissage. Vous avez été ceux que la société protège par le moyen des familles, par les gendarmes, par le garde-champêtre, par ses lois, par ses mœurs, — si douces ! enfin, par ses soldats. Vous avez été ses « petits », à cette société, ceux qu'elle couve, ceux qu'elle élève avec amour et sollicitude...

Et qu'est-ce que vous êtes donc, aujourd'hui ? — Aujourd'hui, voilà que vous êtes des hommes, encore une fois, des soldats ; voilà que vous méritez d'être appelés d'un nom qui augmente singulièrement votre importance ; voilà que vous méritez d'être appelés des *protecteurs*. Hier, des protégés, — aujourd'hui, des protecteurs. Comprenez-vous cela, les soldats ? Dans lequel de ces deux rôles y a-t-il le plus de noblesse ?

Et c'est pourquoi, en sortant d'ici, en arrivant chez vous, vous aurez le droit de vous redresser, de vous grandir, de faire les fiers. Vous êtes tous, à présent, les ouvriers de ce superbe édifice qui s'appelle la France : par sa hauteur et sa hardiesse légère, sinon par sa masse, — il domine tous les édifices du globe ; et il est si beau, si somptueux, si curieux ; d'un goût si pur, si parfait, si classique, que tous les peuples de la terre souhaiteraient de le visiter avant que de mourir !... Oui, cet édifice-là, c'est notre maison à nous ; c'est celle-là que nous habitons et que nous bâtissons un peu tous les jours, en donnant notre temps, nos bras, notre argent... Cette maison-là, c'est la « maison commune »...

L'autre jour, dans la rue où se trouvent les bureaux du percepteur, je rencontrai un Monsieur qui est de mes amis. Son visage était souriant. Il avait l'air d'un homme satisfait. Je lui dis :

— « Je vois bien à votre air heureux que vous venez de toucher vos rentes.

— Non ! fit-il ; pas le moins du monde : je viens de payer mes impôts. »

J'eus un geste de surprise ; et je crus, sur le moment, que ce monsieur se « payait » aussi, si je l'ose dire, ma tête. Mais, il poursuivit :

— « Quand j'ouvre mon tiroir ; quand j'en extrais l'argent de l'impôt ; quand je vais le compter au guichet du percepteur, j'ai, comme tout le monde, un petit accès de mauvaise humeur. Les hommes ne sont point parfaits. Mais quand j'ai payé, Monsieur, quand je sors du bureau, eh ! bien, je suis content ; j'éprouve un sentiment d'aise et de satisfaction. Je suis plus léger, au figuré comme au propre, car je ne me moque point. Je sens qu'en somme j'ai accompli un utile devoir... Je me sens un peu, — oh ! un tout petit peu ! — propriétaire de tout ce qui fait que mon pays est grand, bien aménagé, bien administré, bien défendu... Vous trouvez que c'est un sentiment naïf ? — C'est bien possible ! En tout cas, il y entre bien un peu de patriotisme. Et puis, c'est un sentiment humain. »

Oui, mes amis, c'est là un sentiment vrai. Et c'est un sentiment salubre. Les joies de l'égoïste sont des joies sèches, un peu basses, rapetissantes : — elles ont tout juste la taille et la dimension d'un individu. L'altruisme procure des joies d'une autre envergure, je vous en réponds ; et c'est un sentiment qui a la dimension de la collectivité qu'on aime.

Ce qui élargit l'âme, c'est la conscience, qu'on fait un peu de bien à sa communauté, qu'on l'a rendue un peu plus riche, un peu plus forte, un peu plus respectée. La puissance de l'Etat, c'est beaucoup de soldats, braves et agiles, disciplinés ; c'est beaucoup d'argent, le nôtre ; c'est de bonnes alliances ; c'est de bons traités.

De bons traités, çà vous intéresse çà : ce sont ceux dont tire profit le producteur, le producteur de lait, de beurre, de fruits, de grains, de vin, d'objets fabriqués. Tous ces producteurs-là, est-ce que ce ne sont pas vos pères ? Savez-vous bien qu'il y a un pays, qui, chaque fois qu'il nous vend pour un milliard de marchandises, en achète chez nous pour deux milliards ? Ce milliard-là, dites-moi donc, est-ce qu'il n'est pas un peu dans chacun de vos bas de laine ? Ces pays-là, X. ou Y., peu importe, est-ce que vous croyez que, si nous n'étions pas des gens robustes, ils demeureraient nos clients ? — Ma foi, non ! — au lieu d'acheter ils prendraient...

Des soldats en permission, je m'en représente deux par la pensée : — d'une part, un bon soldat, qui est, en même temps, un bon garçon, droit et simple ; un brave cœur et un brave citoyen ; — et, d'autre part, un mauvais soldat, (... c'est pour mémoire que j'en parle, de celui-là, puisqu'il est entendu qu'il n'y en a point chez nous),... je dis : d'autre part, un mauvais soldat, qui est, en même temps, un mauvais sujet et un mauvais citoyen. Soldat ; — citoyen : voyez-vous, ces deux individus-là, sont étroitement unis ; et ils se résument en une personne qui s'appelle : un Français.

Eh ! bien, nous sommes au cabaret. C'est un dimanche. Il y a beaucoup de monde. A une table, est assis un soldat. Il est très entouré. Et on l'interroge. Et il parle. Et on l'écoute... Ah ! oui, on l'écoute ! Ce gars-là, il passe pour en savoir long. Et il a lu toute sorte de livres. Il n'a pas dit encore ses impressions : elles sont toutes fraîches ; elles sont vives ; elles sont intéressantes. Et qu'est-ce qu'il en pense donc, celui-là, de la caserne, et du métier militaire, et des officiers ?... Ces officiers !... C'est ceux-là dont on voudrait bien savoir ce qu'ils ont dans le ventre : — des bourreaux, des geôliers, des persécuteurs du pauvre monde ? — Ou, tout simplement des hommes de foi ? des hommes d'abnégation, de caractère, d'honneur ? des hommes soumis à une discipline dont ils comprennent la grandeur ? des hommes accomplissant plus souvent le geste d'obéir que celui de commander ?... Et mon soldat parle beaucoup. Il parle trop. Il a la tête un peu échauffée par les mauvais alcools. Il fait le « loustic » ; il fait le malin ; il fait l'homme d'esprit. Le métier militaire est indigne de lui. Ce philosophe « primaire » trouve l'armée et la guerre une institution et un mal préhistoriques. Il fait une caricature grotesque des chefs et des camarades, dont son médiocre esprit n'a vu que les défauts sans discerner jamais les qualités. Le militaire professionnel, il en parle avec une haine mauvaise, comme de quelque brute altérée de sang et de pillage... Il n'a pas compris ce qu'il y avait d'abnégation dans l'immobilité et la passivité presque touchantes de cet homme instruit, qui accepte de passer sa vie à monter la garde et à répandre quelques idées saines dans les générations qui, d'année en année, lui passent par les mains, venant de l'école...

Oui ; et ce haineux, qui a été un fils difficile, un ouvrier irrégulier, — un soldat indiscipliné, un citoyen parasite ; cet individu, sans générosité, qui hait tous les maîtres, quels qu'ils soient, parce qu'au fond il n'aime que sa petite personne et qu'il a horreur de tout ce qui est abnégation, ce haineux, dis-je, mes amis, au fond, il faut le plaindre : il n'a pas compris le premier mot de ce que c'était que la patrie. C'est une notion que je crois que vous avez, mais qui lui manque à lui. Toujours est-il, qu'il est fort excité. Et il termine par l'air connu :

— « Ah ! sale métier !... inutile et suranné (!)... F.... sort ! gueuse de vie ! ah ! ils nous en font voir ! on nous en fait des misères ! ah ! qu'il est donc temps que les hommes se décident à être des frères !... (mais, comment donc ?... frères comme le sont en ce moment les Russes et les Japonais !)... Ah ! la classe ! la classe... ! Enfin, ils auront la peau, comme on dit, mais ils n'auront pas les os !... etc., etc. ! »

Je vous le dis, l'air est connu. Autour de ce soldat, l'on fait cercle. Et parfois quelqu'un, — un peu ironique dit un mot :

— « Alors, comme ça ; tu en as déjà soupé ?
— Pour sûr ! Et puis qu'il n'en faut plus de tout ça !... Tout ça c'est fini, usé ; çà a fait son temps, ... comme les diligences... »

Mais, en général, autour de cet orateur, —

très intelligent et d'esprit supérieur, — puisqu'il fait le procès du militarisme, — autour de l'orateur, dis-je, on fait silence.

On écoute. On songe. On est grave. Les vieux sont là debout, l'échine un peu ployée, propres dans leurs blouses neuves, muets, les yeux perdus. Ils ont vu les Prussiens... Ils les ont vus dans ce cabaret même... Quel langage tenaient-ils, ceux-là, il y a trente-cinq ans ?... Eux aussi, ils parlaient fort... Eux aussi, ils tapaient de grands coups de poing sur la table. On ne comprenait pas leur langue... Mais, au passage, on saisissait, de temps en temps, un nom propre... On en savait assez long, pour traduire les mots de Prusse, d'Allemagne... de France, hélas ! unis et comme confrontés dans les mêmes phrases. Ils parlaient de leur roi, des généraux. Ils parlaient de la guerre. Ils parlaient de leur métier. Ils étaient tout nerveux et vibrants... En eux vivait fortement la patrie... Et l'ivresse de la victoire était frémissante en leurs propos.

Quel abîme entre l'état d'esprit de ces hommes et l'état d'âme de ce jeune citoyen en pantalon rouge !... Les vieux conçoivent cela. Ils se taisent. Ils ne trouvent pas les mots qu'il faudrait dire. Mais ils sentent tout de même obscurément que les mots qui ont retenti dans le cabaret ne sont pas ceux qui auraient dû être dits. Ils sentent obscurément que ces paroles-là sont en quelque manière blasphématoires ; ils sentent qu'on vient de secouer, de saper, de lézarder les murs de la vieille maison qu'ils habitent et qui les abrite ; ils sentent qu'une main parricide a touché à cette vieille armature sociale, dans laquelle ils sont pris et par laquelle ils sont défendus. Les vieux sont vaguement inquiets. Ils sont méfiants. Ils sont, eux aussi, d'inconscients altruistes : en outre de leur âme individuelle et propre, il y a, en eux, l'âme commune, l'âme de la race, l'âme de la patrie : et c'est cette âme-là qui s'attriste en eux. Et, d'ailleurs, tous ces vieux-là sont des laborieux et des hommes d'ordre : ils aiment les besognes proprement faites, les choses qui marchent droit, les affaires nettes. Et, par dessus tout, ils aiment le solide. Et leur probité prononce : — ce qui est dû est dû ; il faut le payer.

Et quand un de ces vieux-là rentre chez soi ; quand il s'assied à table entre sa « bourgeoise » et sa fille ; quand on découvre la soupière fumante, la femme, curieuse et bavarde (comme elles sont toutes), lui pose la question traditionnelle :

« — Eh ! bien, quoi de neuf, aujourd'hui ? Et qui qu't'as vu ? »

Le vieux, méfiant et muet tout à l'heure, ennemi des discours et inhabile à la controverse, dit en peu de mots à sa femme l'impression mauvaise qu'il a eue. Devant elle, il se déboutonne. Il a vu un mauvais soldat, un vaurien, sans foi ni loi ; un vilain gars, un fainéant, un homme enfin tel que si « en France il y en avait beaucoup des comme lui, notre pauvre pays serait bien malade ».

Voilà ce qu'il pense, le vieux. Il ne prononce pas le mot « Devoir » avec ses lèvres ; mais ce mot-là est profondément inscrit en lui ; tous les actes de sa vie expriment ce mot-là. Ce vieux contribuable, — qui ne s'appelle pas le Capitaine de la Compagnie, — c'est un juge sévère. Il est le « pays » du mauvais soldat ; il habite le même hameau, la même rue ; il est son semblable ;

ce n'est point un chef. Mais c'est un Français, tout bonnement. Il méprise le mauvais soldat. Et il le dit. Ce mauvais citoyen a donné à ce vieil honnête homme un malaise, une impression d'insécurité. Et il le dit. Et vous autres, mes amis, vous sentez tous comme lui.

Mais, par contre, j'en vois un autre, moi, un autre soldat. Il est au cabaret aussi, celui-là ; on l'entoure aussi ; on l'interroge aussi ; on l'écoute aussi. Mais celui-là, c'est le bon soldat. C'est de la graine, je vous le dis, de bon ouvrier, de bon citoyen, de bon époux et de bon père. Il comprend, celui-là, qu'il est devenu quelqu'un : un personnage utile, un rouage social, — un protecteur. Il est fier d'acquitter sa dette. Il apprécie l'utilité, la sainteté de l'institution militaire.

Il a compris ce qu'on lui a dit, mainte fois, à la caserne : que « dans une démocratie, une armée nationale était seule capable de former, de maintenir et de resserrer le lien d'unité » sociale ; que « dans une démocratie c'est l'armée nationale qui relie, pour ainsi dire, à leur centre les extrémités du territoire commun, et qui, de ce centre à ces extrémités, communique et propage la pulsation de la vie ». Il a compris que « l'armée abaisse ceux qui sont en haut et qu'elle élève ceux qui sont en bas » et qu'il ne saurait rien y avoir de plus démocratique.

« Un enfant de vingt ans, un paysan ou un ouvrier, fils de la ferme ou de l'atelier, arrive du fond de sa province, Bretagne ou Languedoc, Provence ou Normandie, maladroit de ses mains, embarrassé de sa personne, la tête pleine de préjugés de son petit endroit ; on lui fait passer un pantalon rouge et endosser une capote bleue ; on lui apprend d'abord à respecter son uniforme et à faire l'exercice : « Tourne à droite ! tourne à gauche ! » il devient caporal ou sergent ; et, insensiblement, presque sans qu'on y tâche, dans son esprit, qui s'éveille et qui s'ouvre, voici qu'à l'image de la patrie locale se substitue l'image d'une patrie plus grande, non seulement l'image, mais le sentiment de la grandeur et de la noblesse de cette France... Un jeune bourgeois quitte au même âge la maison de famille, l'étude ou le salon paternels, et, fils de notaire ou de banquier, nous le versons au régiment. Dans ce milieu, si différent du seul qu'il ait connu jusqu'alors,... il apprend ce que c'est qu'un cultivateur, un maçon, un palefrenier... Il apprend quelles sont pour les humbles, les difficultés de la vie quotidienne et son expérience se diversifie d'abord, puis s'enrichit de celle de toutes les conditions avec lesquelles il se trouve en contact. — Et un petit « intellectuel », à son tour, abandonne ses chères études, et le premier service qu'on lui rende à la caserne, c'est de dégonfler sa vanité. On lui enseigne là que, si l'intelligence est une force, il y en a d'autres, et qui l'égalent, ou qui valent mieux qu'elle. Il découvre lui-même, avec un peu de perspicacité, ce qui se cache parfois de dignité morale sous la rudesse des manières et la grossièreté du discours. Il éprouve combien de qualités peuvent se concilier avec l'ignorance de l'orthographe. Et, s'il a en soi quelque générosité native, il comprend enfin, pour la première fois de sa vie, le compte qu'il doit à ses inférieurs de la chance qu'il a eue de naître au-dessus d'eux (1). »

(1) F. Brunetière : *Discours de combat.*

Que vous dirai-je, mes amis, que je n'aie déjà dit plusieurs fois sur cet inépuisable sujet ?

Bref, mon « bon soldat » est content. Il est content de tout : de la soupe, de la chambrée, du lit, des camarades, — et de soi-même. Et il ne dit pas grand-chose des officiers, mais seulement qu'il a compris, qu'il a deviné que c'étaient des maîtres désintéressés, justes, bienveillants, — et aimant beaucoup leurs soldats, — et leur pays.

Et, en entendant parler dans le cabaret ce bon soldat, qui est un bon citoyen, tous ceux qui autour de lui font cercle, éprouvent je ne sais quel contentement obscur. Ils se sentent ragaillardis. Ils se sentent plus forts. Leur altruisme a mystérieusement conscience qu'ils font, grâce à Dieu ! partie d'une collectivité robuste, inviolable, décidément bien protégée par des milliers de gars comme celui qui parle. Une impression de sécurité s'insinue dans tous les cœurs. La notion d'une Force, calme, « invisible et présente », s'impose aux esprits...

Et le vieux qui écoute, dans sa blouse des dimanches, la pipe au coin de la bouche, tout à l'heure, quand il retrouvera sa « bourgeoise » et sa « demoiselle », il aura un petit air guilleret :

— « Et qui as-tu donc vu, mon homme, qui t'a rendu tout content ?

— J'ai vu le fils à chose. Il est soldat à c'te heure... Il est content. Il est heureux. Et il dit que ses chefs sont de braves gens... Quel bon petit garçon ! Et qu'il en faudrait donc comme çà beaucoup, en France !... »

Et, dites-moi donc, mes amis, dans deux ans, dans trois ans, si le mauvais soldat et le bon soldat vont tous les deux lui demander sa fille à notre vieux bonhomme, oui, dites-moi donc à qui vous penserez qu'il la donnera, hein ?

Eh ! parbleu! tous, en chœur, vous faites la même réponse : il l'accordera au bon soldat, à celui qui a donné par avance la quasi certitude qu'il serait un bon citoyen, un bon laboureur, un bon époux, un bon père, — et un bon gendre.

Ma cause est donc gagnée. Et j'ai raison, non parce que je parle et que je pense en capitaine, en officier, — en militaire, mais parce que je pense avec un vieil honnête homme de paysan.

Allons ! petit troupier, enfant hier en quittant

la maison, homme aujourd'hui en y rentrant, tout à l'heure tu vas partir en permission : emplis ta musette de bonnes graines. Grave dans ta tête — non, dans ton cœur ! — les paroles du Capitaine, dictées, encore une fois, par un simple et profond instinct de conservation sociale.

Les paroles que nous prononçons, nous autres, elles s'adressent à vous. Elles ne vont pas plus loin que les murs de cette caserne. Nous ne parlons pas et nous n'avons pas à parler au pays.

Mais vous autres, vous pouvez emporter et répandre au loin, jusqu'aux extrémités de la nation, les paroles que nous disons. Vous pouvez tirer à des milliers, à des millions d'exemplaires, ces sentiments-là, qui sont si simples. Vous pouvez en faire pénétrer la substance jusqu'au fin fond de la République.

Vous pouvez — vous devez — être nos porte-paroles...

Bon voyage !...

V

Le roman d'une désertion.

LE ROMAN D'UNE DÉSERTION

Un jour (en 19..), un caporal de la 8e compagnie déserta. C'était un bon sujet. L'illusion de plus de liberté et de plus de bonheur lui avait inspiré de quitter le régiment.

Le capitaine réunit la compagnie, à tout hasard, et il prédit à ses soldats que, vraisemblablement, le caporal X... reviendrait spontanément.

Le caporal X... revint.

Le cas n'est sans doute pas très particulier.

Le capitaine prit texte de cet incident pour tâcher de montrer à ses soldats que l'homme, livré à soi-même et privé des appuis de la société, est impuissant. Cette conférence, entre toutes, a donc, en quelque manière, un caractère social. Et, à ce titre, elle semble rentrer dans le programme d'éducation morale qu'on s'est proposé de parcourir.

pas allé déjà ?... A combien de patrons ne s'est-il pas offert ?... Où n'a-t-il pas cherché du travail et du pain ?... Mais l'accueil rencontré partout eût brisé une énergie mieux trempée que la sienne... Oui, les gens sont en garde ; ils sont défiants. — Qu'est-ce que c'est que ce jeune Français, en âge de porter son sac, qui bat ainsi le pavé de Londres, sans un ami, sans référence, sans une lettre, sans quelqu'un qui lui ait fait signe et l'ait appelé ?... D'où vient-il ? Pourquoi est-il ici ? A la suite de quels événements ? Et les renseignements font connaître qu'il traîne une femme avec lui ?... Un ménage ?... C'est bizarre !... Qu'est-ce que c'est que ces « aventuriers-là » ?... — Les histoires que raconte X... étant fausses, sonnent faux, naturellement. Elles semblent invraisemblables, puériles, d'invention gauche ; et elles sont récitées sans aplomb. On sent, on devine qu'il ment. Et le malheureux, obligé de dissimuler une faute (très grave, je l'accorde, mais qui n'est point ignominieuse), est vaguement soupçonné de quelque déshonorant méfait. — On l'éconduit. On l'éconduit ou on l'exploite ; et on lui offre à faire, pour 25 sous, une besogne rebutante, qui eût mérité un salaire quadruple.

Est-ce vrai, tout celà ? qui de vous oserait dire que j'invente ? Hélas ! plaise au ciel que la réalité ne soit pas plus triste ! J'ai vu tout à l'heure, avec les yeux de mon imagination, notre ancien camarade dans une chambre... Mais qui me dit qu'il n'a pas passé la nuit dans la rue, ou dans des refuges, ou sur un banc, ou sous les ponts ?.. Quoi qu'il en soit, j'ai le droit de douter que celui-là l'ait trouvé, le moyen de réaliser ce que nous appelions « le rêve légitime du bonheur ».

— « Mais enfin, pourrait-on me dire, expliquez-nous donc pourquoi on les reçoit si mal à l'étranger, les déserteurs ? Un soldat français qui a déserté, est-ce qu'il ne devrait pas être accueilli à bras ouverts par les voisins, dont nous pensons tout bas qu'ils pourraient bien être des envieux ? Est-ce qu'on ne devrait pas lui faire fête ? En somme, c'est un soldat de moins dans l'armée rivale. Que n'y en a-t-il comme cela des centaines et des milliers de déserteurs !... »

J'aimerais une telle objection : elle me fournirait une occasion de généraliser la question. Le blâme, la mésestime, le mépris qui atteint le déserteur ne procède pas, vous le sentez bien, d'un sentiment particulariste et local ; il ne procède pas d'un certain patriotisme circonscrit : c'est un sentiment humain. L'étranger qui applaudira aux désertions dans l'armée rivale, pourtant n'estimera point les déserteurs. Le déserteur est pour tous les hommes, à quelque patrie qu'ils appartiennent, un être contre nature ; quelqu'un qui est sorti de la règle, de la ligne droite, de la norme ; quelqu'un qui a failli à un devoir humain, quelqu'un qui ne donne pas une haute idée : — en temps de guerre de son courage ; en temps de paix, de sa moralité.

Est-il utile, après celà, de suivre le caporal X. dans les maisons françaises installées à Londres ? Le patriotisme est à l'étranger, vous le concevez, un sentiment particulièrement délicat, particulièrement ombrageux, un peu susceptible et maladif. C'est à un Français, plus encore qu'à un étranger, qu'il faudra dissimuler qu'on est déserteur ; c'est à celui-là, particulièrement, qu'il faudra mentir. Mentir ! toujours mentir, même à ce compatriote, surtout à ce compatriote, disposé pourtant, par nature, à vous aider, à vous tendre la main, à vous caser, à vous embaucher !

Restent donc les louches agences, celles qui justement vous exploitent, celles qui sont composées de faillis de toutes sortes, de gens en fuite, de gens tarés. Et qu'est-ce que c'est que tous ces gens-là ? sont-ce des collaborateurs, sont-ce des auxiliaires, sont-ce des protecteurs ? — ou sont-ce des complices tout prêts ? — Et c'est pour se mettre entre les bras de toute cette tourbe-là qu'on aurait quitté la France, et le clair devoir, et une vie nette, ouverte, limpide ?... Pouah ! — ah ! non, cette lie-là, le caporal X... ne la boira pas !

N'est-ce pas que l'eau de la cruche, boisson naturelle du soldat, a meilleur goût ?...

Les voilà donc, les pensées qui hantent l'esprit du caporal X... dans la petite chambre, où nous nous sommes plus tout à l'heure à évoquer son image.

Et demain, disais-je, il faudra recommencer ; il faudra se mêler encore à toute cette foule, ; vaincre l'angoisse qu'on éprouve à se sentir errant au milieu des passants indifférents, préoccupés d'eux-mêmes, préoccupés de leurs proches, soucieux de leurs enfants, ayant tous d'autres devoirs à remplir, un autre devoir civique, un autre devoir familial, un autre devoir social, que celui qui consisterait à être secourables à l'enfant d'une autre Patrie.

Oui, en somme, ces passants, ces indifférents, tous ces citoyens, qu'est-ce qu'ils lui doivent à cet enfant-là ?

Et le caporal X..., qui avait cru, en désertant, accomplir une action virile, une action d'homme, au premier chef, voilà maintenant qu'il se sent redevenu tout petit ; il sent sa faiblesse, son insignifiance, son impuissance, d'une façon aiguë et douloureuse ; voilà qu'en vérité, il se sent, en effet, un « enfant », un enfant perdu, perdu comme le serait un gamin, après avoir lâché la main de la maman qui le guidait, à travers la foule épaisse, dans une grande ville inconnue...

Et voilà que, dans la petite chambre misérable, le caporal déserteur lève un regard honteux sur la pauvre femme qu'il a emmenée avec lui, à laquelle il avait sans doute promis le bonheur, la liberté, une vie prospère ! et dont le silence attristé est déjà un douloureux reproche...

Oui, j'ai peu parlé de cette femme ; et j'en parlerai peu. Pourtant vous êtes des hommes : les femmes tiendront une grande place dans votre vie ; et vous tiendrez, heureusement pour vous, une grande place dans la leur... Mais mon sujet n'est point ce roman passionnel. Il serait sans doute fécond en enseignements ; mais les chapitres en seraient trop longs. Je m'en tiens à ce que ce triste épisode contient de proprement militaire et, si vous le voulez, de social.

Mais, tout de même, je suis bien obligé de dire que cette femme, elle alourdit singulièrement le passif du malheureux déserteur. Elle multiplie par deux, si je l'ose dire, tous ses soucis, tous ses chagrins, toutes ses déceptions, — tous ses remords ; — et j'ajouterai qu'elle multiplie ses regrets. Car, n'en doutez pas, il regrette la France ; il nous regrette nous autres, et cette chambrée ! et cette caserne ! Et elle aussi elle regrette la France ! elle regrette son village, sa maison,... les siens, sa mère ! — Une fille ! une mère ! elles ne se séparent pas comme cela, voyons !... Et ces regrets, et cette nostalgie, ni l'un ni l'autre ne les avoue, oh ! bien entendu ; mais c'est entre eux une muette obsession, dont le poids doublé accable encore l'âme de notre malheureux camarade. Ah ! qu'elles sont donc lourdes, ces choses dont on ne parle point !

Bref, voilà que X..., commence à avoir des doutes. Il commence à comprendre qu'il a peut-être eu tort de renoncer à ses appuis naturels, à ses protecteurs, à ses guides, à cette main secourable que la Patrie, que la société, tend volontiers à celui de ses enfants qu'elle sent méritant, mais las et à bout d'efforts.

... Et cette main-là, que je dis que la Société se plaît parfois à tendre à l'enfant las, est-il donc si vrai que cela qu'elle existe ? — Un fils ingrat — ingrat ? non ; mais inconscient ! — pose cette question. Mais cela est tellement vrai, qu'à tout instant la Société aide ses enfants, que le jour où cette aide-là vient à leur manquer, ce jour-là, ils tombent par terre. L'aide est si habituelle, si quotidienne, elle fait si intimement partie de la trame même des jours, qu'on ne songe même plus à s'en apercevoir. L'existence de la chose ne se révèle que quand cette chose, soudain, est supprimée. Alors on reconnaît qu'elle existe. On reconnaît que les hommes sont nés, qu'ils ont vécu, qu'ils sont morts entre les bras et sur les genoux d'une bonne mère. Et l'on reconnaît aussi que cette mère-là, il est assez naturel qu'on reste auprès d'elle et chez elle, pour la défendre, pour la garder, comme nous le faisons en ce moment, et comme X... a failli à le faire.

Le caporal X... a donc renoncé à ses parents, — qui ne détiennent peut-être pas une grande puissance, — mais qui, par leurs proches à eux, par leurs amis, par leurs chefs, par ceux auxquels, au cours de la vie, ils auront pu, çà et là, rendre un service, se trouvent tout de même, en fin de compte, posséder ce qu'on appelle « des tenants et des aboutissants ». Et le caporal X... a renoncé aux parents de sa compagne, qui, eux aussi, se seraient employés si utilement — et si volontiers, — à « pousser » leur fille, à pousser le ménage, à enlever les pierres de la route. Car enfin, l'homme, n'est-ce pas, c'est le mâle ; et il doit aide et protection ; mais tout de même, d'avoir pris une compagne, cela augmente aussi la « surface » de l'homme ; cela augmente ses racines et ses attaches ; et cela lui constitue deux groupes de protecteurs naturels au lieu d'un. Prenons la vie comme elle est : nous ne pouvons pas rester dans l'abstraction pure.

Et le caporal X... a renoncé aussi aux chefs et aux notables de sa commune, à ceux de son canton, de son arrondissement, de son département, à tout un personnel administratif, dont la fonction n'est évidemment pas de donner 10.000 livres de rente à tous ceux qui les souhaiteraient, mais qui, tout de même, n'a jamais failli, que je sache, à la mission d'aider qui est résolu à « s'aider » soi-même ; — et il a renoncé à tous les chefs du régiment, qui, eux non plus, ne sont avares ni de leur temps, ni de leurs lettres, ni de leurs démarches, ni de leur petit crédit, pour tâcher de pousser dans la vie ceux de leurs anciens soldats qui leur donnent cette marque de confiance de s'adresser à eux. — Il a renoncé, enfin, à cette situation, si nette, si honorable, d'ancien soldat, d'ancien gradé, d'homme qui a payé son dû, qui quitte l'armée, certificat de bonne conduite en poche, et qui peut aller partout, le front haut et l'œil clair, pour demander du travail et du pain. Et tout cela, me diront les âmes romanesques et aventureuses, tout ça n'est pas bien excitant, bien « emballant ». Tout çà c'est de menues choses, c'est des appuis modestes, des références sans gloire, un crédit humble, de petits, tout petits moyens ; et tout çà, tout doucettement, vous conduit à de pauvres joies, à de petits bonheurs, à un avenir borné, limité,... médiocre !

Médiocre ! oui, le voilà bien le mot que je voulais amener. Eh ! sainte médiocrité ! *Auréa mediocritas* ! médiocrité bénie ! Eh ! parbleu oui, tout celà est médiocre ! Mais dites donc, les heures de la vie ne se composent point d'événements prodigieux : le tissu de l'existence est fait d'événements humbles, de petits bonheurs, de joies médiocres. Le voilà le tissu solide, résistant, bon teint, celui qui fait de l'usage, celui que vos mères achètent de préférence.

Le caporal X... a fait fi de cette médiocrité.

Il a préféré les aventures. Il a quitté le pigeonnier. Vous savez la jolie fable :« Deux pigeons...» Il a voulu goûter de la Liberté !

La Liberté ! il la savoure donc enfin cette liberté ; il en goûte la saveur excitante. Il ouvre ses poumons à ce souffle de grand air pur... Il nous laisse, nous qui ne sommes pas libres, dans notre vie moisie, dans notre air confiné... Il est un homme lui : — il est libre !...

Croyez-vous qu'il soit libre ? qu'il ait cette sensation de plein air qu'on éprouve à être libre ? Moi, je ne le crois pas !

M'est avis qu'en fait de liberté, le caporal X... commence à comprendre que, d'être toujours obligé de mentir, cela constitue une « gehenne », une espèce de camisole de force autrement paralysante que cette règle, hors du cadre, hors des prises de laquelle il a prétendu vivre. Libres et aisés sont les mouvements de l'homme qui n'a point à mentir, qui, à tout moment, peut «s'avouer », avouer son passé, dire son nom, son village, ses parents. Il commence à concevoir que la vraie liberté, c'est le fait de celui qui précisément est libre de ses paroles et de ses gestes ; il commence à concevoir qu'en fait de liberté, il a sans doute lâché la proie pour l'ombre et qu'en somme, il n'est point libre, puisque tous ses gestes sont concertés, empêtrés, gauches, timides, maladroits, douloureux, inquiets, mal adaptés, comme le sont tous les gestes de ceux qui ne peuvent pas s'avouer et qui portent en leur âme le mystère d'un « jardin secret ».

Oui ! c'est un lourd fardeau à porter que celui d'une chose qu'on est obligé de cacher. La vie déjà est assez lourde aux épaules. Le fardeau d'un secret, cela est si lourd, que l'homme incarcéré, accusé, quatre-vingt-dix-neuf fois sur cent, préfère décidément courir les chances d'un châtiment, pourvu qu'il puisse confesser sa faute, poser là le fardeau de son secret, en débarrasser sa tête lasse. Ouf ! quel poids de moins sur le cœur ! Et advienne que pourra !... Je vais enfin pouvoir dormir !... Dormir... c'est-à-dire oublier, — et m'oublier !... Et cela est tellement vrai aussi que la règle c'est la force, que c'est à cette force-là qu'en dernière analyse on a recours, quand décidément on est tout-à-fait las, tout-à-fait à bout d'efforts, tout-à-fait vaincu. — Ta main ! oh ! société ; oh ! mère, tends-moi ta main !... Je me noie !...

Et c'est le gendarme qui apparaît, offrant sa main ; et c'est celle-là que l'on saisit, — presque avec joie, presque avec reconnaissance. Oui ; le gendarme. Et voilà donc le cinquième acte de cette odyssée, puérile et simple, hélas ! comme une comédie du « guignol ».

Voyons ! est-ce la peine d'en arriver là ? Est-ce la peine, je vous le demande, de refuser la main de la Société, c'est-à-dire de la Mère, pour faire appel un jour à la main du gendarme ?

Et pourtant, c'est l'avenir qui attend vraisemblablement le caporal X... Vaguement il entrevoit déjà cette main-là. Et sans se l'avouer à soi-même, c'est ce dénouement-là que tout bas il souhaite. Seule image, entre toutes celles qui l'obsèdent et qui l'attristent, seule image qui contienne une promesse de sécurité, de délivrance et d'apaisement.

Oui, il songe, le caporal X... ; il rêve... Dans les rues de la grande ville, il y a quelque part, il le sait bien, un hôtel, où son imagination, invinciblement, est ramenée. A la façade de cet hôtel, il y a un pavillon tricolore. Ce sont les couleurs de la France. Et, en effet, c'est là qu'est l'ambassade ou le consulat. C'est là qu'est la France ! Et c'est là qu'est le port. C'est là qu'est le port où, finalement, il sait bien qu'il ira s'échouer ; c'est là que, battue par la tempête, il sera heureux de faire entrer sa barque, désemparée, sans gouvernail, prenant l'eau de toute part.

Il rêve... Il songe maintenant à la compagnie. Il pense à nous. Il pense à la chambrée, au petit lit militaire, où les consciences heureuses dorment d'un sommeil si profond et si calme entre les deux camarades de lit... Il pense à certaines matinées, roses et claires, qui, il ne sait pourquoi, sont demeurées gravées dans sa mémoire ; il songe à certains paysages qui ont vaguement ému en lui les sources profondes de la vie et de la jeunesse ; il se rappelle certaines séances de service en compagne, où l'air du matin avait une saveur si pure !... Il pense à la faim aiguë rapportée au quartier ;... au réfectoire ;... à la soupe chaude... Il pense qu'il y a quelque part un lieu où l'on dort, un lieu où l'on mange à sa faim, un lieu où les gestes de la vie sont simples et harmonieux ; un lieu où les âmes ne sont point inquiètes, où règne la paix... la la douce paix.

Il pense que la caserne, où l'on est emmaillotté dans la Règle et dans la Discipline, est décidément une maison où la vie coule, fluide et douce. Il pense que le passé vaut mieux que le présent... La caserne ! n'y a-t-il pas, çà et là, quelques soldats libérés qui en regrettent la vie calme, unie, exempte de grands bonheurs et exempte de grandes peines ?

... Glissons sur ce sentiment, qu'en mon particulier je n'approuve point ; car il n'est point le fait d'une âme forte : *il ne faut pas avoir peur de la vie*... Il faut faire ce qu'on fait : *age quod agis* ; et il ne faut point déserter le devoir... Mais enfin le caporal X... est accablé ; et il rêve... Et son imagination perçoit au loin les notes claires du clairon. Il regrette les heures faciles, le temps si bien découpé en petits morceaux par le tableau de service.

Le caporal X... n'est donc pas heureux ; et il

n'est point libre. Il ne réalise dans la désertion ni son rêve de bonheur, ni son rêve de liberté : ses deux conceptions font faillite.

Vive donc la Règle ! vive la discipline ! et vive nous autres, qui demeurons dans le devoir !...

Et encore une fois, tant pis pour le capitaine s'il se trompe ; mais il vous prédit que le caporal X... reviendra.

2e Conférence.

Quand les faits parlent, mes amis, il n'y a pas besoin de longs discours. J'ai bien le droit, cependant, d'ajouter un second chapitre à ma conférence de l'autre jour. Et ce chapitre sera bref.

Le caporal X... est revenu !

Je pourrais triompher. — Je ne triomphe point. Car il n'y a, au fond de tout ce que je vous ai dit, qu'une infinie tristesse.

Mais enfin, j'ai tout de même été sorcier. — Eh ! que j'y ai donc eu peu de mérite ! Est-ce un mérite d'avoir un peu plus d'expérience que vous, de savoir mieux la vie, autrement dit, d'être plus vieux ? Mais oui, c'est là tout mon mérite : je n'en suis point glorieux.

Donc, c'est l'expérience ici qui triomphe.

Ayez confiance, les soldats, dans les paroles des gens d'expérience ! La voilà, la moralité de ce triste roman. Tâchez de comprendre que les discours que nous vous adressons sont tout empreints d'une foi profonde, d'un profond amour de la Patrie, d'un profond amour de la société, et d'un profond amour de vous autres, qui êtes l'incarnation même de cette société.

Est-ce que tous ces sentiments-là ne sont pas désintéressés ? C'est une garantie cela ; moi je ne suis ni un patron, ni un contremaître. Et quand je prêche ici la nécessité du Bien, la nécessité d'une Règle, la nécessité d'un certain état moral, je n'ai pas en vue le souci — oh ! certes bien légitime !—de plus gros bénéfices— ou d'un certain dividende. Non. Nous ne songeons, nous autres, qui n'avons point d'autre profession, qu'à la prospérité et qu'au salut de la République, dont nous avons dans notre main un petit morceau, un tout petit morceau.

Oui ; ayez, mes amis, confiance en vos chefs : demain, vous le voyez, se charge quelquefois de leur donner raison.

VI ET VII

La guerre.

LA GUERRE.

Ce sujet rentre sans doute dans le programme d'éducation militaire, qu'on s'est proposé de parcourir.

Mais la guerre est un sujet qui pourrait être inépuisable : la conférence a été divisée en deux parties, on y a tracé à grands traits, un tableau du passé glorieux (1) ; on y dit quelques mots du présent ; enfin, on lance un coup d'œil vers l'avenir...

La loi de deux ans donnera au capitaine un auditoire très disparate : il y aura, parmi les soldats, des gens peu cultivés ; mais il y aura aussi des gens instruits. Quelques mots, dans cette conférence, sont plus spécialement destinés aux soldats instruits.

(1) M. Ernest Lavisse a dit : «... Ne pas enseigner le passé ? « Mais il y a dans le passé une poésie dont nous avons « besoin pour vivre ? Il faut verser dans l'âme du paysan la « poésie de l'histoire... Contons-lui les Gaulois et les « Druides... et tous ces héros de l'ancienne France.

....

«... Il faut admettre que l'on ajoute à l'énergie nationale, « quand on donne à un peuple la conscience de sa valeur, « l'orgueil de son histoire. »

Ce que M. E. Lavisse conseille à l'instituteur du village, le capitaine a essayé de le faire avec ses soldats, — mais, naturellement, d'une façon brève.

LA GUERRE.

1re Conférence.

La Guerre !

C'est vrai ; nous n'en avons pas encore parlé.

Il est temps de le faire.

Chez le meunier, n'est-ce pas ? on parle de farine ; comme dans une fonderie, de fonte ; comme dans une aciérie, d'acier : et voilà que dans cette caserne, où vous êtes depuis bientôt trois mois, le capitaine n'a pas encore parlé de la guerre, qui est pourtant l'objet — lointain ou proche ?... qui le sait ? — en vue duquel cette caserne a été construite...

Est-ce donc que ce sujet m'est antipathique ? qu'il me répugne ?... Est-ce que trente-cinq années de paix auraient si bien tranformé les lions de jadis en moutons, qu'un officier français n'oserait plus, décidément, parler aujourd'hui de la guerre ?... Est-ce qu'en agitant ce spectre, je craindrais de détacher un peu de moi cet auditoire de cent cinquante jeunes gens — puissamment épris de la vie, — que je sais qui s'est déjà donné un peu à moi, et que je ne suis pas peu fier d'avoir conquis ?... Est-ce que j'appréhende que mes paroles, (qui ont trouvé plus d'une fois, je le sais, le chemin de votre cœur), cette fois-ci ne « portent » point ; et qu'enfin elles ne tombent dans le vide, sans éveiller un écho ?...

Pas d'écho, ce mot-là : la Guerre !... pas d'écho au pays de France ?... allons donc ! ce n'est pas possible.

Quand, deux par deux, vous entrez, le dimanche, dans la haute salle du musée de province, déserte et silencieuse, si, du talon de vos gros brodequins, vous frappez la dalle sonore, un écho gronde sourdement aux flancs des vieilles armures creuses dressées contre les murs...

Et, quand, sur un point quelconque de la terre, il se fait, comme en ce moment, un grand bruit d'armes entrechoquées, une vague rumeur d'épopée sort des entrailles de notre vieille patrie militaire... C'est la voix du Peuple, mes amis, *vox Populi !* la voix de tout le monde : la voix des morts, la voix des vivants, la voix de ceux qui aspirent à naître ! la voix universelle ! — la vraie voix de la République !

Une patrie comme la vôtre, vieille de près de deux mille ans, savez-vous que c'est comme un grand cimetière ? Partout des soldats sont enterrés : archers, chevaliers, pertuisaniers, frondeurs, hallebardiers, mousquetaires, grenadiers, — et pioupious ! Ce sol est tellement imprégné de la glorieuse poussière des morts que vos charrues, — vous m'entendez bien les cultivateurs— que vos charrues, chaque fois qu'elles déchirent la glèbe, remuent de la cendre de soldats mélangée à la terre... Et vous, terrassiers et maçons, quand vous creusez un trou pour les fondations d'un mur, n'est-il pas vrai que vous trouvez parfois d'antiques squelettes à côté de haches de silex, ou de vieilles piques rouillées ?...

Allons ! jeunes gens, rappelez un peu les souvenirs de l'Ecole primaire, plus présents à vos fraîches mémoires qu'à la mienne. — N'est-ce pas — quand on prononce chez nous ce mot : la Guerre ! — n'est-ce pas que du fond du passé lointain les échos grondent et répondent ? — Ils répondent Tolbiac, Roncevaux, Poitiers, Bouvines, Orléans, Champaubert, Montmirail !... Ils répondent Roland, Godefroi, Jeanne d'Arc, Napoléon... Ils répondent Attila, Mérovée, Geneviève et les Champs Catalauniques !...

Ah ! ah ! l'on se battait avec acharnement alors, comme vous avez lu, dans les journaux, que se battent les uns contre les autres les Russes et les Japonais.— A cette bataille des champs catalauniques, en Champagne, pas loin d'ici, l'acharnement fut tel, dit la légende, entre les Huns d'Attila ! (des jaunes ! ma foi !) et les guerriers Francs, que les cadavres des soldats morts se battirent encore pendant trois jours et trois nuits... Ah ! ils tenaient à la garder leur Patrie, ces gens-là ! Il y a quinze cents ans qu'en France on sait ce que c'est que l'acharnement ; et notre race n'a pas attendu l'an 1905 pour l'apprendre !...

Et qui d'entre-vous, mes amis, pourrait affirmer que son arrière-arrière-aïeul, armé d'un épieu ou d'une hache d'armes, ne se trouvait pas, frappant ou recevant de grands coups, dans un de ces lieux à jamais célèbres ?...

Sous les blés et sous les pommes de terre, sous les murs des *oppida*, il y a, vous le savez bien, l'ossuaire d'un vaste champ de bataille. — Est-ce toi Jean, est-ce toi Pierre, est-ce toi Jacques, qui pourras dire :« Dans ce grand cimetière, je suis bien sûr, pour ma part, de n'avoir les os d'aucun des miens, tombé en soldat » ? Pendant vingt siècles, vos parents, à vous tous qui êtes ici, se sont battus contre d'autres hommes venus de trois continents ; venus d'Europe, d'Afrique et d'Asie ; ils se sont battus contre des Tartares-Mongols (hein ! les Koungouses, çà nous connaît donc depuis longtemps !) contre des Germains, des Romains et des Anglais... contre les Maures d'Afrique... contre une partie de la Terre !

Qui veut récolter, n'est-ce pas ? il fume son champ. Eh bien, une terre comme la nôtre, elle a tout juste l'espèce d'engrais qu'il faut pour faire pousser des moissons de soldats. Et de ce terroir-là jeunes Français qui m'écoutez, vous avez tous le bouquet puissant.

Croyez-moi, les gestes que, pendant quelques mois vous accomplissez ici, sont des gestes conformes au vieux génie de votre race. Une hérédité lointaine y a bien adapté vos corps. Vous êtes beaux sous les armes.

Il y a sur la terre des hommes d'autres races : mais pourquoi, dès qu'on habille certains d'entre eux en soldats, pourquoi ont-ils l'air de gens déguisés, de troupes de carnaval ? pourquoi ont-ils l'aspect pauvre et lamentable de je ne sais quels singes habillés ?

Vous, les Français, certes le bourgeron et la blouse vous vont bien ; et l'on sait que, sous cet accoutrement, le travailleur a des attitudes empreintes de noblesse et de beauté ; mais pourquoi n'y a-t-il point de costume auquel vos corps soient aussi bien ajustés qu'à l'uniforme ? Pourquoi un Français, le monde entier se le représente-t-il ainsi : habillé en pioupiou ? L'imagination des hommes, représente un Chinois dans ses bottes en feutre ; un américain coiffé d'un chapeau haut de forme et vêtu d'un grand manteau ; un Mexicain en cow-boy : — mais la France, c'est un petit troupier, képi et pantalon rouges, pas froid aux yeux, en garde et baïonnette croisée. — C'est que l'univers entier, voyez-vous, a tant vu, dans ce costume, vos pères et vos grand'pères !... Ces glorieuses frusques, vos ancêtres les ont promenées à travers l'Europe entière et un peu aussi sur toute la terre. Cette image est demeurée gravée dans la cervelle de l'Humanité.

Le monde continue à y croire, à vos vieux instincts guerriers. Et il en a eu peur.—Et nous? est-ce que nous y croirons ? Est-ce que nous croirons en nous-mêmes ?...

Citadins ou paysans, entendez chanter dans vos veines cette « chanson du sang » que chantent les globules de sang héritées des aïeux ! — La Paix règne, grâce au ciel ; et nous sommes calmes et de sang-froid. Et nous ne souhaitons que la Paix... *Si vis pacem*... Mais enfin, tout de même, qu'il faille se battre ; qu'on nous lance, quand notre heure aura sonné, qu'on nous lance dans la bataille ! — En nous fermentera alors le vieux levain atavique ; les globules de sang léguées par les Celtes, les Gaulois et les Francs nous monteront à la tête ; elles nous enivreront ; elles feront de nous des lions.

Mais oui, des lions. Est-ce que là-bas, au bout de l'Asie, Russes et Japonais ne se battent pas comme des lions ? Et dites-donc ! est-ce que nous ne les valons pas ? Est-ce que, les uns ou les autres, ils sont sortis de ventres de femmes ayant servi de moules à plus de héros, que les ventres de nos mères ? est-ce qu'ils ont été enfantés, aussi, par une terre plus saturée d'héroïsme que la nôtre ?

Regardons-les d'un peu près, ces Russes et ces Japonais. Nous sommes des soldats. Tous les soldats, c'est nos frères. Et ceux qui ne se battent point, ils n'ont rien de mieux à faire que de regarder ceux qui se battent. — Admirons comme tous ces gens-là ont su endurer des souffrances surhumaines... Nous aurons honte, alors, de ne pas savoir toujours supporter sans murmurer les toutes petites misères de notre vie, si calme, si confortable, si heureuse ! en somme.

Vous avez compris, n'est-ce pas, en lisant les

journaux, qu'à Port-Arthur des hommes faits comme nous autres, mus par quoi ? — par le Patriotisme ! par l'orgueil incoercible d'appartenir à une certaine race (ah ! quels puissants leviers, tout de même !) vous avez compris, dis-je, que ces hommes-là avaient su, de part et d'autre, reculer, on peut le dire, les limites extrêmes de l'héroïsme humain. Tous ces soldats-là, blancs ou jaunes, ils ont réussi à communiquer au monde (qui pourtant en a vu, des choses grandes et terribles !) un frisson nouveau, quelque chose de pas déjà vu, de pas encore imaginé.

Le commandant Mizzénéof, qui a vu, fait un récit qui ressemble, dans sa simplicité, à quelque rêve dantesque de carnage et d'incendie.

« Depuis que les Japonais, dit-il, commencèrent l'attaque de la colline de 203 mètres, le 28 novembre, le combat se poursuivit avec un tel acharnement que les vétérans russes de Port-Arthur eux-mêmes (quels spectacles leurs yeux n'avaient-ils pas contemplés déjà, pourtant !)... que les vétérans de Port-Arthur, dis-je, frissonnaient d'horreur à la vue des scènes de massacre qui se déroulaient sous leurs yeux. »

Les Japonais étaient obligés souvent de gravir les pentes escarpées de la montagne sans pouvoir répondre à la fusillade terrible des Russes. « Il me semblait, à moi, dit le commandant russe, que rien ne pouvait résister au déluge de mitraille qui venait battre les flancs de la roche ; des compagnies entières de Japonais étaient anéanties, mais d'autres les remplaçaient bientôt.

« Des deux côtés, on fit preuve d'un héroïsme invraisemblable. A chaque instant se produisaient des mêlées , des corps à corps, de furieux contacts : dans l'impossibilité de charger, de tirer, de se servir de leurs fusils, les adversaires frappaient de la baïonnette, de la crosse, des pieds, des poings, des ongles...

« Les pentes des collines sont littéralement couvertes de cadavres ; la neige est rouge de sang humain ; les blessés viennent s'y plonger ; ils en remplissent leurs bouches pour apaiser la fièvre qui les dévore.

« Un incident remarquable, raconte toujours Mizzénéof, restera à jamais gravé dans ma mémoire. Un porte-drapeau Japonais venait de planter son étendard sur le sommet de la hauteur, lorsqu'un gigantesque caporal russe quitta les rangs de ses camarades, forcés de battre en retraite ; rebroussa chemin ; se précipita sur l'emblème japonais et se mit à le déchirer des ongles et des dents jusqu'au moment où il tomba frappé de sept balles. »

Il y eut, coup sur coup, trois assauts.

... Trois assauts, concevez-vous, mes amis, ce que cela, de part et d'autre, implique d'acharnement ?...

Pendant le troisième assaut, continue le commandant Mizzénéof, il se produisit un fait extraordinaire. Un porte-drapeau Japonais, étant parvenu en haut de la colline, se mit en devoir de planter son drapeau. Il tomba, criblé de balles. Un autre Japonais se précipita : il tomba frappé à mort, tenant la hampe dans ses doigts écrabouillés. Un troisième fantassin courut, il tomba aussi, transpercé d'une volée de projectiles. Puis ce fut un quatrième ; puis un cinquième ; puis un sixième ;... un neuvième !... Il se trouvait toujours un héros, pour courir vers la mort... Enfin, l'officier russe s'écria : « Ne tirez plus sur l'homme au drapeau ! Le drapeau sera planté de toute façon... Respect aux héros !... tirez sur les autres ! tirez dans le tas ! »........

« Dans la nuit du 9 décembre, dit un télégramme du général Stœssel, plusieurs obus japonais vinrent tomber sur les hôpitaux de Port-Arthur, tuant sept malades. D'autres malades s'enfuirent à travers les rues couvertes de neige, revêtus de leur costume blanc d'hôpital. Le visage pâli par la souffrance, ils ressemblaient à des fantômes. Les patrouilles eurent une peine inouïe à leur faire regagner les hôpitaux. Ils voulaient retourner à leurs compagnies. Dans une sorte de délire guerrier et patriotique, ils demandaient à retourner où l'on se battait. »

M. Némirovitch Dantchenko, correspondant d'un journal russe, dit que les Japonais sont des soldats courageux jusqu'à une sorte d'hystérie.

Ces jours-ci (1), vous l'avez lu, Port-Arthur a

(1) Le capitaine fit, en effet, cette conférence quelques jours après cet événement si émouvant. Les faits furent pris « tout chauds », si l'on peut dire, et tels enfin qu'ils étaient révélés au public. Le seul souci qu'on ait eu ici, c'était de frapper des imaginations, d'émouvoir des cœurs, d'exalter des courages. Et que la critique historique rectifie plus tard ou confirme ces faits, cela n'importe que fort peu à « l'esprit » de ce discours.

dû se rendre. C'était un dénouement fatal. Le monde, pourtant, l'a appris avec stupeur. Le général Stœssel était un héros de si grande taille, d'une volonté si farouche, d'une si indomptable énergie, qu'on gardait malgré tout quelque espoir. « On avait vu, dit un journal, de telles impossibilités réalisées dans cette défense, que l'impossible paraissait possible ; que ce miracle de se battre sans obus, sans soldats, sans vivres, était devenu chose naturelle. »... Mais la fin était marquée. Après huit mois de luttes sans pareilles ; après deux cent trente-cinq jours d'investissement ; après des centaines d'assauts renouvelés ; après les combats corps à corps ; après les gigantesques mêlées de baïonnettes ; après les explosions de fougasses qui faisaient sauter en l'air les régiments entiers avec la terre, les murs et les morceaux de roc ; après deux cent trente-cinq jours d'horreurs inouïes, le glas de l'agonie sonne pour l'héroïque citadelle. Les Japonais ont fait croûler les redoutes sous la dynamite. Une véritable nappe d'obus, dense, serrée, meurtrière, s'abat sans répit sur la ville. La ville est littéralement « arrosée » par les boulets, comme on voit une maison incendiée arrosée par dix pompes à vapeur, en batterie. Les deux poudrières, où les assiégés se fournissaient de projectiles, ont sauté. L'arsenal est en ruines. La flotte est sous l'eau ; sous l'eau, tous les fiers cuirassés, troués, crevés, fracassés.

Dans la garnison, il n'y a plus qu'une poignée d'hommes, cinq mille contre soixante mille. Ces cinq mille hommes sont exténués. Ils sont capables de mourir. Ils ne sont plus capables de comprendre, d'entendre ce qu'on leur dit. Dans les casemates, on ne voit que des visages blêmis par la faim ; des espèces de spectres minés par une fièvre nerveuse encore inconnue au monde ; car ils ne dorment plus. Ils vivent dans une espèce de stupeur hagarde, dans une sorte de léthargie. Les baïonnettes qui menacent leurs ventres, ils ne les voient même plus ; ils ne voient plus les ennemis, que comme on voit dans une crise d'hallucination ; ils n'entendent plus la voix des chefs ; leurs oreilles sont sourdes et crevées par le fracas des détonations. Pourtant ils continuent à faire, par une sorte d'instinct héroïque, automatiquement, les gestes qu'il faut faire pour lutter.... Quels héros !...

J'ai lu, dans je ne sais plus quel journal, ceci, raconté par un témoin. Il y avait certains points de l'enceinte particulièrement battus par les Japonais. Les soldats russes auxquels on donnait l'ordre d'aller occuper ces points-là, c'était comme si l'on eût, en quelque manière, signé leur arrêt de mort. Les obus brisants éclataient avec une telle violence ; ils étaient si gros, si puissants, qu'au moment de la détonation, le sang giclait des yeux et des oreilles des soldats russes. Ils tombaient, frappés presque toujours à mort, et sans avoir pourtant reçu le coup, ni les éclats. Les soldats russes savaient cela ; pourtant ils se rendaient à leur poste, après avoir salué le chef qui avait donné l'ordre... *Morituri te salutant*... Quelle abnégation ! quelle noblesse ! — Et quels exemples !

Oui, quels exemples ! Méditez-les. Et, encore une fois, à ces souffrances héroïquement supportées, à ces horreurs, à cette vie noble et intense, comparez un peu, je vous prie, notre vie si unie, si facile, si exempte de maux. S'il y avait ici, deux ou trois de ces soldats qu'on appelle « des carottiers » (oui, je sais qu'il ne s'en trouve point chez moi), comment, rentrant en eux-mêmes, feraient-ils pour ne point rougir, pour n'avoir pas honte de leur égoïsme ?... Comment oser rester couché, sans maladie, avec seulement la peur du froid, la peur de l'activité, la peur de l'exercice et ce que l'on nomme la honteuse « flemme », quand l'exemple de souffrir est donné, en ce moment même, par près d'un million de frères d'armes !

Et plus tard, dans quelques semaines, quand nous irons en marche militaire ; et, plus tard encore, dans quelques mois, quand nous prendrons part aux manœuvres, si quelqu'un d'entre vous sent son courage faiblir ; s'il trouve le soleil trop chaud, la route longue, le sac lourd ; s'il a un bobo au pied, eh ! bien, qu'il songe un peu à notre passé à nous et à ce présent que je viens d'évoquer brièvement. Qu'il songe, celui-là, qu'il avait peut-être des grands parents ou des grands oncles à Gênes, à Saragosse, à Dantzig, à Huningue, à Sébastopol, à Paris, à Belfort. — Dans l'histoire de France aussi, il y a des sièges mémorables. — Et qu'il songe aussi celui-là, aux brefs détails que je viens de dire et que des hommes de notre génération, faits comme nous de sang et de nerfs, ont enduré des souffrances, auprès desquelles les misères du temps de paix sont insignifiantes et dérisoires. — Dites donc ? est-ce que nous ne saurions plus souffrir nous autres ? Est-ce que nous, qui avons appris tant de choses, qui sommes tout intoxiqués de savoir, est-ce que nous aurions désappris cela : — la souffrance ?...

Non ! — Il y a des soldats qui ont de l'endurance. Ce sont ceux qui ne se « laissent point aller » ; ceux que soutient l'orgueil ; ceux qui ont de la force morale ; ceux qui ont quelquefois présentes à l'esprit les grandes choses faites par les ancêtres ; ceux qui se disent : « ce qu'a fait le grand-père, le petit-fils peut bien le faire !... Où le père a passé, passera bien l'enfant ! »

Les voilà, les bons petits soldats. A eux, tout naturellement, va l'estime, non pas seulement des chefs, mais de tous les camarades. Quand, dans une compagnie, pendant toute une étape, un soldat a su souffrir sans « caler », tout le monde le sait, tous les autres se le racontent, tous les autres l'admirent, tous les autres le respectent. Il est devenu quelqu'un, une personnalité ; et c'est la récompense qui chatouille le plus délicieusement son légitime orgueil...

Il y a quelques années, aux grandes manœuvres de Beauce, qui ont duré près d'un mois et qui ont été particulièrement dures, tout un régiment a admiré une compagnie, qui avait donné un bel exemple de force morale et d'endurance (1). Le capitaine de cette compagnie avait emmené aux manœuvres 160 hommes ; et un mois après, il ramenait à la caserne 160 hommes. Pas une défection, pas une défaillance. Il y avait des hommes qui avaient souffert, c'est évident. Ils avaient su souffrir. C'étaient de braves gens, fiers du bel ensemble dont ils faisaient partie, et qui, pour rien au monde, n'auraient voulu en ternir l'éclat. Ces hommes-là, avaient le sentiment de la collectivité — « l'esprit de la compagnie »; non seulement ils étaient fiers d'être eux-mêmes, mais ils étaient orgueilleux aussi d'ap-

(1) C'était le capitaine Duchêne, aujourd'hui chef de Bataillon et chef d'État-major de la Division de Belfort.

partenir à un certain groupe et de servir sous un certain chef.

Et vous savez bien, mes amis, que cet esprit-là, le capitaine souhaite ardemment, par-dessus tout, qu'il se développe chez nous, qu'il soit le ciment qui nous soude les uns aux autres. Un tel esprit, je vous l'ai dit, c'est la condition de notre valeur morale.

Deuxième Conférence

Valeur morale !

Port-Arthur, mes amis, c'est le triomphe de la valeur morale.

Car enfin, cette défense et cette attaque, qui demeureront quelque chose de légendaire, est-ce que vous vous imaginez que c'est seulement des fossés profonds creusés dans le roc, des redoutes solides et bien placées, des canons nombreux et puissants, des défenses accessoires inextricables, des baïonnettes innombrables, des sapes méthodiques et savantes, et quelque chose enfin de particulièrement scientifique et de particulièrement technique ? — Est-ce que c'est cette technique et cette mathématique, qui ont arraché au monde un cri de stupeur et d'admiration ?... Est-ce qu'on a dit : « Oh ! oh ! habile attaque !... Ah ! ah ! défense savante ! »

Votre bon sens a déjà répondu : non !

Non ! Le monde entier n'a poussé qu'un cri, en battant des mains : « ah ! bravo !... quel courage ! quels héros !... quelle force morale !... »

La force morale, c'est notre affaire, celà, à nous autres, petits fantassins, qui ne sommes ni des savants, ni des ingénieurs — et qui sommes seulement les rois des batailles. Port-Arthur, c'est notre affaire. Car de la force morale, vraiment, c'est le triomphe !

L'assiégé a dit : « Je ne me rendrai point ! »

Il pouvait dire, après une résistance honorable, il pouvait dire : « Ah ! non, décidément, il n'est pas possible de résister... Ils sont trop... Il en vient toujours... Plus on en tue, plus il en arrive... Rien à faire contre cette marée montante, irrésistible... La flotte est sous l'eau... Les édifices sont en miettes. Contre deux cents obus, nous pouvons envoyer tout juste un méchant boulet chinois... Le scorbut a réduit nos effectifs de moitié... Nous n'avons plus même de soldats pour garnir les trente-cinq kilomètres d'enceinte de la citadelle... (trente-cinq kilomètres ! songez-vous à ce que celà représente : la distance de Chaumont à Langres !)... » — Voilà ce que pouvait dire l'assiégé.

En somme, au nom de l'art militaire, au nom de la science, au nom de tout ce que vous voudrez, Port-Arthur ne pouvait pas résister pendant deux cent trente-cinq jours. Il ne le pouvait pas.

Il ne le pouvait pas. Mais tout de même, il l'a fait. Il l'a fait parce que la force morale était, chez les Russes, plus dure encore que le roc des retranchements, que le béton des forts et que le tablier des cuirassés. Il l'a fait, parce que, quand il n'y a plus eu ni cuirassés, ni redoutes, ni parapets, il restait encore cela : la force morale !

Côté de l'attaque, maintenant.

Les Japonais ne pouvaient pas, en se tenant dans la limite des forces humaines, ils ne pouvaient pas prendre Port-Arthur. Ils connaissaient la place. En 1895, ils l'avaient prise aux Chinois. Ils savaient que tout était creusé, non dans la terre, mais en plein cœur de roc. Ils savaient tout ce que les Russes avaient fait à Port-Arthur depuis sept ans et qu'ils étaient un adversaire autrement redoutable que les Célestes. Ils savaient bien que les sapes méthodiques n'en finiraient jamais. Ils tentèrent des coups de force. Ils échouèrent. Ils pouvaient — ils devaient — se décourager, lever le siège. Ils ne se découragèrent pas. Ils s'acharnèrent. — Quel est donc le principe central de cet acharnement, je vous le demande, sinon encore : la force morale ?

Oui, depuis des mois vous avez pu lire ceci dans les feuilles :

Premièrement : Port-Arthur ne sera jamais pris.

Et deuxièmement : Les Japonais prendront Port-Arthur.

Et Dieu sait si ces deux affirmations contradictoires ont été écrites souvent ! Et quant aux militaires, ils se sont tus. Ils se sont tus, parce qu'ils songeaient à la force morale, dont le feuilles ne parlaient point encore assez. Ils pensaient : « Oui, c'est vrai que Port-Arthur ne peut pas tenir... Et c'est vrai aussi, qu'on ne peut pas le prendre... Mais quand, de part et d'autre, de pareilles forces morales sont aux prises,... qui pourrait prédire l'avenir ? » Et c'est ainsi que le jeu des forces morales, en effet, a eu des conséquences extraordinaires. Car, d'un côté, Port-Arthur a tenu pendant huit mois, ce qui est une durée invraisemblable ; et, d'un autre côté, les Japonais ont accompli ce fait invraisemblable d'entrer dans une place imprenable.

Voilà ce qu'ont fait des soldats, mes amis, des soldats comme vous. Ils n'ont pas craint la mort. Ils ont fait leur Devoir.

Eh ! on ne peut pas ne pas faire son devoir. Quand un homme a reçu un affront sanglant ou un soufflet, et que tout un village ou toute une ville le méprise, dites-moi donc, mes amis, si vous pensez que la vie lui serait possible chez lui ? Mais non ! Il faut qu'il lave son affront ; qu'il venge son honneur ; qu'il fasse rentrer l'insulte dans la gorge de son insulteur. Avec une arme ou avec ses poings, il faut qu'il se batte. La vie n'a plus de prix pour lui, elle n'est vraiment digne d'être vécue, dans la maison de famille, entre la femme et les enfants, qu'à la condition précisément qu'on aille la risquer cette vie. La femme ou la mère est malade ; elle est dans des transes et dans une angoisse mortelles. Elle accepte cela, c'est son lot, à elle : c'est sa manière d'être solidaire dans le destin commun. Mais pour rien au monde, elle n'accepterait d'être la mère ou l'épouse d'un lâche. — Je vous le dis, on ne peut pas ne pas faire son devoir.

Et c'est pourquoi le moujik et le japonais ont si bravement affronté la mort. Car si le petit Japonais, la guerre finie, rentre dans sa maisonnette sain et sauf, quelle joie chez tous les siens ! Comme la mousmé lui mettra ses bras frais autour du cou ! Mais s'il rentre dans sa maison ayant déserté, la mousmé lui arrachera les yeux avec ses ongles, au petit soldat Japonais. Et l'enfant, l'enfant de huit ans, ne pouvant supporter la honte d'avoir un tel papa, il s'ouvrira le ventre avec un sabre. — Historique, mes amis (1) ! — C'est comme cela, au pays des Samouraïs !

Mais s'il meurt, le moujik ou le petit soldat japonais, s'il meurt,... alors tout est fini... La poitrine trouée, il tombe sur le champ de bataille ; et ses yeux se ferment avec mélancolie sur le néant, sur la tristesse infinie de n'avoir donc aucune récompense...

Mais non ! vous savez bien que non. Vous savez bien qu'il vivra ! qu'il vivra d'une vie intense dans la mémoire des siens. Voyons ! il y en a bien parmi vous qui ont eu un parent tué en 1870. — Si ce parent-là, au lieu d'être mort, avait déserté, ses descendants seraient encore couverts d'opprobre.

(1) Le suicide, en effet, qui n'est point à donner en exemple, a sévi non seulement chez les Japonais adultes, mais encore chez de tout jeunes enfants. Il y a une dizaine d'années, M. Bellessort racontait dans la *Revue des Deux-Mondes* le fait suivant : On avait mis à prix la tête d'un Japonais. — On s'empare de lui, ou plutôt on s'empare d'un brigand qu'on s'imagine être le Japonais recherché. — Au moment de l'exécution, les juges ont des doutes... Si ce n'était pas le Japonais qu'on recherche ? On fait venir le fils du Japonais dont on avait mis la tête à prix. On le confronte avec l'homme arrêté. — L'enfant voit qu'on s'est trompé. Mais, afin de confirmer les juges dans leur erreur et de sauver son père, il s'ouvre le ventre, en poussant des lamentations sur le sort de son père arrêté et condamné.

Mais il fut tué à l'ennemi ; il est mort au champ d'honneur ; et il vit dans la famille ; on prononce souvent son nom ; ceux qui sont morts dans leur lit, on en parle peu et rarement ; mais de celui-là le souvenir est impérissable ; et sur toute sa lignée il a répandu comme une lueur de gloire. — Il vit longtemps, allez ! celui-là qui est mort à l'ennemi. Il vit pendant des générations. De celui qui est mort dans son lit, il y a seulement cent ans, qui s'en souvient ? Mais on dit fièrement : « Moi, j'ai eu un arrière grand-père tué à Marengo, ou a Austerlitz, ou à la Bérézina. ».

Eh ! bien, mes amis, n'est-ce pas qu'à la regarder de tout près la figure de cette mort-là, n'est-ce pas qu'elle n'est point si terrible ? N'est-ce pas que ses traits ont de la noblesse ?

Voilà qu'il est temps de regarder en face ces visages-là : le visage de la guerre et le visage de la mort.

Si j'ai attendu trois mois avant d'en parler, de la Guerre et de la Mort, c'est que ce sont des sujets graves. Et cette chose terrible : la guerre, qu'il faut savoir faire, quand décidément il la faut faire, avec insouciance, avec entrain, avec gaieté, si c'est possible (mais oui, avec gaieté, je tiens au mot ; dans notre métier, la gaieté c'est une vertu, et les tristes ne réussissent point) ; cette chose terrible, dis-je qu'il faut savoir faire avec une sorte de folie généreuse, eh ! bien, cette chose-là, il faut en parler gravement, sans hâte, avec une sorte de respect ému... Et voilà pourquoi je ne me suis pas jeté tête baissée, dès le premier jour, dans ce sujet terrible, comme un fou ou comme un énergumène. J'ai voulu attendre. J'ai attendu que notre compagnie fût « faite »—tel un vin qui a un peu de bouteille—et que vos âmes fussent imprégnées d'un certain esprit, de certaines vertus militaires.

Aujourd'hui, nous sommes dignes de préoccupations graves. Nous pouvons fixer, sans cligner des yeux, les traits sévères de la souffrance, de la guerre et de la mort.

La mort ?.... Enfants de la République, nous devons tous savoir bien mourir pour la Patrie. C'est la fin dernière de notre profession.

Est-ce que vous y pensez quelquefois, à cette mort, dont vous tous, pleins de jeunesse, vous promenez partout le germe enfoui dans le secret de vos corps ? — Ma foi ! j'y pense, moi, je vous l'avoue, je n'ai pas honte de le dire. Ma jeunesse est finie ; et chaque jour, ainsi que tous les hommes qui sont entrés dans la maturité, chaque jour je vois se rapprocher de moi, avec une mélancolie exempte d'amertume, cette Dame... silencieuse... drapée d'un suaire...

J'ai beaucoup connu quelqu'un qui l'avait vu de très près la mort, — soit dans la fièvre mauvaise, — soit au feu.

— Eh ! bien, mon cher, me disait-il, imagine-toi que je lui souriais, comme on dit des enfants « qu'ils rient aux anges ». Oui, selon la charmante expression de Bossuet, je m'apprêtais à être « doux envers elle ». Certes, je ne l'appelais point. Mais je l'acceptais. Et je « m'acceptais » très bien moi-même. Je trouvais cela propre — et élégant — et « chic » !

Noble sujet de méditation que celui-là, mes amis. Car n'est-ce point la mort qui donne à la vie tout son prix et sa plus grande noblesse ? — L'homme, sachant qu'il mourra, pourtant il vit. Il vit ! Au fond, c'est prodigieux, — et c'est touchant. Oui, sachant que, dans si peu d'années, il faudra mourir, tout de même il trouve que la vie, la vie si brève, cependant il la faut vivre. Il vit ; il agit ; il se reproduit ; il aime ; il s'attache ; il a le courage de songer à l'avenir, qui est hors de ses prises !... Il se hâte d'accomplir des actes qu'il ne sait point s'ils lui survivront ; il répare son toit ; il bâtit ; il plante des arbres et des vignes ; il élève, tout comme si c'était pour lui, des enfants ; il leur enseigne, pour un avenir qu'il ne verra peut-être pas... qu'importe ? à être plus tard, à leur tour, de bons pères et de bons grands-pères... Ah ! que cela est donc touchant ! et que ce brave animal, qui est l'homme, encore une fois, est donc généreux ! Comme il songe peu à soi ! comme il travaille pour la race, pour l'espèce, pour la Patrie... Comme il est beau et noble dans sa hâte et dans sa fièvre et quand il dit, à tout instant : « Dépêchons-nous ! dépêchons-nous ! les minutes de la vie sont brèves... dépêchons-nous de faire quelque chose, de faire un peu de bien, seul résidu qui demeure, dans le bilan de fin de vie !... Nous nous reposerons dans la tombe !... »

Encore une fois, je vous le demande, est-elle donc si terrible que cela, la figure de la mort ? N'est-ce pas, qu'on se familiarise avec ce visage grave ?

Et la Guerre non plus, elle n'a pas que les traits d'une déesse stérile. L'Humanité, voyez-vous, on peut croire, malgré tout, qu'elle porte la guerre inscrite dans le mystère de ses flancs, comme l'homme, en soi, porte inscrits tous les appétits puissants : les passions, l'amour ; et comme il porte en soi le germe de sa fin...

Mais, dites-moi, mes amis, si l'espèce humaine porte décidément la guerre en ses flancs, comme une loi de la nature ou comme je ne sais quelle fatalité inexpiable, est-ce que vous ne pensez pas qu'elle la porte en elle, aussi, comme le ferment de toute sorte de vertus ? — Mauvais microbe ? — Ou bienfaisant microbe ? — Je livre cela à vos méditations, jeunes gens instruits, diplômés qui êtes ici. — Mais croyez bien, vous qui êtes des esprits cultivés, que nous sommes pas mal de « porteurs de sabre » auxquels ce grave problème n'est nullement indifférent.

Nous savons parfaitement qu'il y a des congrès

de la Paix. Nous savons parfaitement qu'il y a des hommes d'une haute culture qui travaillent à extirper des entrailles de l'humanité le germe de cette maladie mortelle qu'ils appellent le « fléau de la guerre ». Respect et paix à leur travail ! Ils ont droit, comme tous ceux qui pensent, qui travaillent, qui écrivent, ils ont droit, ces rêveurs, à notre faction attentive. Faisons, autour d'eux, le calme et la paix. Qu'ils aient tort ou qu'ils aient raison, ce n'est point notre affaire : ils sont les amis de l'humanité ; le cœur du vrai soldat est large ; nous ne les haïssons point. Montons la garde autour d'eux... Il est nuit, et je vois là-haut les fenêtres de leur cabinet éclairées doucement : leur lampe est allumée ; ils travaillent ! Ils sont sacrés !

Et nous, soldats, dans la rue, l'oreille au guet, le fusil prêt, nous veillons avec sollicitude sur leur calme et sur leurs féconds loisirs ; nous, gens de guerre, nous montons la faction sous les fenêtres de ceux qui rêvent de supprimer la guerre et de nous supprimer nous-mêmes. Mon Dieu oui ! nous accomplissons cette tâche de bon cœur, avec élégance, avec une pointe de coquetterie bien française, comme quelque mousquetaire « averti » du XVIIIe siècle. —

Mais quelqu'un me dira : « Voyons, de deux choses l'une : ou ces gens-là ont raison, ou ils ont tort... Et s'ils ont raison, par hasard, si tout n'était pas, en somme, pour le mieux dans le meilleur des mondes,... dites donc, monsieur le Capitaine, alors, c'est vous qui auriez tort avec votre arme au bras... Vous n'avez peut-être pas tort dans le présent... mais, dans l'avenir ?... »

Eh ! l'avenir sera ce qu'il pourra. Mais en attendant, c'est le présent que nous vivons. Aujourd'hui est là, qui nous presse. Vivons notre vie. Faisons notre métier. Il faut faire ce qu'on fait : *age quod agis !*... Depuis l'époque lacustre, les hommes se sont pas mal modifiés. Si pendant la période où l'on vivait sur des pilotis ou dans des cavernes, les plus intelligents d'entre les hommes avaient dit : « A quoi bon vivre ! demain matin ne ressemblera pas à aujourd'hui ! » l'espèce humaine n'aurait rien fait ; elle se serait couchée dans une espèce de léthargie stérile, ressemblant à la mort.

Non, mes amis, encore une fois, faisons ce que

nous faisons. Faisons notre métier avec joie, avec la foi... Demain, mon Dieu ! demain, les autres feront pour le mieux. L'important, n'est-ce pas, c'est de ne pas laisser crouler la maison, et de remettre intact l'héritage à ceux qui viendront après nous. Demain sera ce qu'il pourra. Et demain ne ressemblera peut-être pas à aujourd'hui. Soit. Respectueusement, je salue ce jour qui vient. Mais je le salue avec mon sabre, car, mon sabre, je le garde !...

En attendant demain, je dis que nous sommes pas mal de professionnels à nous demander si la guerre n'est pas, dans le corps de l'humanité, quelque chose comme un rigide échafaudage intérieur qui soutient les patries, qui les dresse, qui les tend, qui les bande, qui leur impose toute sorte d'attitudes nobles et vertueuses.

Que de vertu, nous l'avons vu, dépensée généreusement autour des fossés de Port-Arthur ! Et que de vertus, aussi, dépensées dans l'intérieur des Métropoles ! Le ressort des volontés, des activités, des intelligences, le ressort du génie national est tendu à se rompre, afin de produire une vie intense et un colossal effort. —

Certes l'attitude, à laquelle sont obligés ces deux peuples leur impose l'habitude de l'héroïsme. Ils sont obligés de vivre à un niveau moral, dont la paix, la douce paix, plus tard, ne saurait plus les faire descendre... Les gradins escaladés resteront acquis désormais.

Est-ce le néant, tous ces efforts ? je vous le demande, jeunes hommes instruits ? Est-ce du travail humain, tout cela ? est-ce de l'effort humain ? de l'intelligence humaine ? est-ce de l'évolution ? est-ce, enfin, des vertus humaines ? — Qui d'entre vous oserait dire, qui oserait penser que tout cela n'est qu'une vaine et stérile gesticulation ?

Est-ce que l'espèce humaine — que je crois, moi aussi, lancée irrésistiblement vers le Progrès, — est-ce que, sur cette voie-là, l'espèce humaine irait plus vite, dansant et chantant,... tous les hommes un peu ivres,... tous couronnés de roses,... et se tenant par la main, comme en quelque énorme Bacchanale !... Est-ce que vous pensez, monsieur le philosophe, qu'il suffira aux Japonais, pour « évoluer » de demeurer accroupis, à faire la dînette, dans leurs maisons de nattes et de papier, en regardant danser madame Chrysanthème ? — et qu'il suffira au Moujik de rester, durant six mois d'hiver, dans l'isba bien close, tantôt sommeillant comme une marmotte sur son poêle, tantôt buvant le thé du samowar ?

Les uns et les autres, par la vertu de la guerre, ils accomplissent, avec une accélération incroyable, un progrès qu'ils auraient mis... combien ? 20 ans, 40 ans ?... à accomplir.

Et demain ?... Eh ! bien, oui, demain, il y aura beaucoup de morts, beaucoup de sang, beaucoup de boyaux mélangés à la neige... Oui ; il y aura tout cela : les reste sanglants de quelque colossal accouchement. L'humanité est comme les femmes, vous le savez bien : elle enfante dans la douleur.

Mais demain, il y aura le nouveau-né ! — le nouveau-né, c'est-à-dire un troisième monde sur notre globe. Et vous entendez-bien, les petits soldats, ce que je veux dire, et que, si l'ancien monde, c'est nous ; si le nouveau c'est l'Amérique ; le troisième, ce sera donc celui des figures jaunes.

Prenons-y garde, mes amis, à ce nouveau-né. Il est comme Hercule, qui, à son berceau, étouffait déjà les serpents.

Ah ! certes, si nous voulons vivre, l'on sait bien que ce n'est pas le moment de poser les armes. La terre est petite, mes amis. Nous n'y avions pas encore assez de concurrents ! Ah ! comme il faut nous apprêter à la défendre la place que nous occupons sur cette petite planète! Ah ! oui, haut les cœurs !... Vos fils verront peut-être de grandes choses. Ne laissons pas rouiller l'outil que nous leur mettrons dans la main...

Ils verront peut-être, pavillons déployés, les paquebots chinois et japonais entrer fièrement dans les ports de Marseille et de Saint-Nazaire. Et si tous ces gens-là ne trouvaient plus chez nous que des bourgerons ou des blouses, s'ils trouvaient la Patrie vide de canons et de soldats, ce n'est pas leurs bateaux de commerce que nous verrions dans nos ports : c'est leurs cuirassés.

Et si les Russes ont, là-bas, la Mandchourie, nous autres, nous avons aussi, au bout de l'Asie, une terre qui s'appelle l'Indo-Chine, et qui est cinq fois grande comme la France. Elle est à nous depuis vingt ans, cette terre-là. Là-bas, tout comme ici, la terre renferme déjà beaucoup d'os de soldats français ; et beaucoup de notre sang l'a arrosée. Elle est bien à nous. Ce qui a été bon à prendre, n'est-ce pas que ce sera bon à garder ? Nous saurons la garder cette deuxième France.

Et quant à l'exemple de la défendre, je pense que, Dieu merci ! nos amis nous l'ont donné. Est-ce que nous ferons moins bien, à l'occasion, que les Russes, nous dont les grands-pères, dites-donc ! étaient à Sébastopol, à Austerlitz, à Eylau, à la Moscowa ?...

Allons ! allons ! petits troupiers français, ayons bon courage, et ayons confiance. La toise qui a donné tout-à-l'heure la mesure de ces héros, elle n'était pas assez grande encore pour nous autres, — autrefois ! — puisqu'enfin ces soldats-là, nos amis, — autrefois, nous les avons battus !...

VIII

Au drapeau!

« *AU DRAPEAU !* »

On a fondu ici, deux conférences qu'il est d'usage de faire aux soldats : l'une à l'occasion de la présentation du drapeau aux recrues ; l'autre, à l'occasion de la fête du Régiment.

« AU DRAPEAU ! »

Hier, on vous a solennellement présenté le drapeau. Je voudrais, au lendemain de cette cérémonie, et pendant que vos impressions ont encore toute leur fraîcheur, vous dire, moi aussi, quelques mots ; — quelques mots qui ne soient pas seulement de grands mots, et qui fassent autre chose, autour de vos oreilles, qu'un peu de bruit extérieur, sonore et vain.

C'est que le drapeau de la France, c'est un beau thème oratoire évidemment. Que de choses on pourrait dire !... que de souvenirs émouvants !... que de matériaux d'épopée !... que de développements lyriques ! — Et que de choses aussi à ne dire point : déclamatoires, poncives, froides !...

Je songeais à cela précisément, il y a quelques jours, loin de cette ville ; je marchais en pensant à vous autres (vieille obsession professionnelle de penser un peu partout à ses soldats) ; je ruminais vaguement cette conférence-ci, tenez ! tout justement ; et je songeais au choix, — impitoyable, hélas ! — qu'il faudrait avoir le courage de faire entre tant de choses héroïques ou touchantes que l'on vous pourrait dire, mes amis, sur le drapeau d'une patrie si vieille ; d'une patrie qui a tant vécu, tant pensé, tant créé pour soi et *pour les autres ;* qui s'est, au cours des siècles, si souvent et si généreusement battue ; dont le clair et sensible génie a eu tant de fois la vision de la bonté et de la beauté ; qui a exercé ce privilège, — divin, dit-on, — de beaucoup « aimer les hommes », et d'être comme le cœur intelligent et affectueux du monde ; et qui, enfin, si décidément le progrès n'est donc pas qu'un vain mot, en a tant fabriqué, pour sa part, sur la surface de cette petite planète.................................

....

Un petit garçon de huit ans me fit un jour, en m'apportant son atlas ouvert, une réflexion qui n'a rien de rare et que je sais bien que vous avez tous faite, vous aussi, quand vous alliez à l'école, et que, de vos yeux de petits Français éveillés et fiers, vous regardiez la planisphère étalée sur le mur de la classe : il me dit, avec une nuance de tristesse : — « Dis-donc, tout de même, notre pays ne tient pas une très grande place sur la carte du monde ?... » Hein ! comme l'idée de patrie est précoce dans le cœur des enfants et quelle place elle y tient ! Un enfant accepte très bien que sa famille n'occupe qu'un rang médiocre au milieu de ses concitoyens ; sans amertume, il habite entre son père et sa mère dans un pauvre logis d'artisan ; mais son patriotisme ombrageux fait volontiers de sa patrie le centre du monde : et ce petit être sans égoïsme qui s'accommode pour soi de la dernière place, le jour où il regarde une carte de la Terre, est inquiet de savoir si son pays y occupe la première et la plus grande place.

Et je dis à ce petit garçon : — « Mon petit, tu sais, la quantité n'est pas tout : il y a la qualité. Tu verras plus tard, si tu te mêles un peu aux hommes, que tandis que nous ne nous soucions pas trop de ressembler à d'autres qu'à nous-mêmes, une très grande partie du genre humain, au contraire, obéit à la préoccupation de ressembler en quelque manière, à cette créature, — un peu moins imparfaite que les autres, il faut bien le croire, — qui s'appelle un Français. Ainsi, tous les miroirs, où les hommes s'occupent à étudier et à composer les traits de leur visage, leur renvoient un peu l'image de la France. Tu le vois, elle est partout...

« L'officier qui commande un poste, tout en haut du Tonkin, tout contre la frontière de ce fabuleux réservoir d'hommes qu'est la Chine, le matin sort de sa case pour regarder le tirailleur de garde hisser le drapeau tricolore en haut du mât. Tu vois la scène d'ici : des montagnes pointues, des forêts sombres, un fleuve encaissé, rapide et noir ; sur la berge, les toits de chaume du poste — du poste chétif, fort seulement de sa force morale... — Le soleil se lève... Suspendu à la drisse mince que rendent presque invisible les vapeurs roses montées du fleuve, le morceau d'étamine bleu-blanc-rouge a l'air de s'envoler tout seul, allègrement, tout en haut du long bambou... Et le petit clairon tonkinois sonne flèrement « aux couleurs ! » dans le silence de l'Asie.—Et l'officier songe : « Sur les 50 hommes de ce poste, il y a 47 indigènes et 3 européens seulement ; là-bas, vers le sud ; là-bas, vers l'ouest, des millions d'étrangers ; et, de l'autre côté de cette crête toute prochaine, commence un pays qui contient 400 millions d'hommes !... Trois Français hissent pourtant leur drapeau à eux, sur ce morceau de terre que l'Asie presse de tous côtés... La France, mon petit garçon, sur la planisphère murale, ce n'est qu'une petite tache rose ; mais un carré de soie tricolore, déployé dans le soleil, projette sur la Terre une ombre démesurée. »

Nous ne saurions trop, mes amis, avoir confiance en nous-mêmes. Qui doute de soi, d'avance est vaincu. Au-dessus de toutes les nations, planent encore les souvenirs de l'histoire de France : c'est l'ombre morale de ce drapeau, dont vos pères serraient la hampe dans leurs mains, et qu'ils ont promené, des années durant, d'un bout à l'autre d'un continent. Un démon exigeant, jamais satisfait, éperonne les hommes ; il les excite à tâcher de faire toujours mieux et les pousse à surpasser, si c'est possible, les plus parfaits modèles qui aient encore paru. L'histoire de la France, en dépit de sa courbe inégale, dépasse si souvent la taille usuelle de l'homme, qu'elle est devenue très vite, dans le recul des temps, quelque chose comme une légende fabuleuse, — la légende de l'espèce humaine, — une légende d'énergie, de patriotisme, de bravoure, de sacrifice, — une légende militaire, *militaire*, vous m'entendez bien. Et d'avoir derrière soi, dans son passé, une pareille légende, cela n'augmente peut-être pas la superficie de notre territoire ; mais, cela augmente singulièrement notre patrimoine moral. Une patrie, ce n'est pas seulement des kilomètres carrés. Une patrie, c'est des hommes qui savent mourir. Quand les hommes savent mourir, quand ils sont disposés à mourir, leur patrie vit. Mais quand, à tout prix, ils veulent vivre, la patrie meurt. La vie à tout prix, la paix à tout prix, ça n'existe pas.

Le capitaine Japonais, enragé d'amour-propre et de patriotisme, dans le moment que, lui aussi, il faisait à ses hommes la « conférence morale », ses yeux se tournaient instinctivement du côté de l'Europe, et du côté de la France, dont l'éclat moral, en dépit de tout, tire l'œil et le fascine. Il avait besoin d'exemples. Son pays n'avait qu'une histoire locale. Quand donc il façonnait pour la grande guerre, il y a deux ans, les petits fantassins nippons ; quand il exaltait et attisait leur orgueil, sans doute, il leur disait à peu près : — « Là-bas, au bout de l'Occident est un continent vieux de plusieurs siècles... Le Japon, en tant que puissance, n'existait guère il y a trente ans... Nous allons donner notre coup d'essai. Il faut que ce soit un coup de maître. Le monde s'imagine en souriant que notre unique destin est de produire des estampes, des porcelaines et des bronzes. Il ne conçoit pas bien comment Mme Prune et Mme Chrysanthème pourraient porter des héros dans leurs flancs. Le genre humain apprendra avec stupeur que chez nous aussi, il y a des Duquesne, des Marceau, des Hoche, des Murat, des Desaix... On nous a appelés quelquefois, pour notre ingéniosité et notre goût du beau, les Français de l'Extrême-Orient : nous allons faire voir aussi qu'il n'est pas de furie que la « furie française », et qu'il y a en nous, un ardent entêtement à vaincre ou à mourir. »...

Ainsi, mes amis, quand il s'agit de dresser des soldats en vue de l'héroïsme, on ne peut pas ne pas leur dire les noms de vos aïeux à vous : ils voltigent sur les lèvres des hommes. Et si le capitaine étranger apprend à ses soldats, les noms de vos ancêtres, quels noms vous dirai-je, moi ?... Il me semble que nous devons avoir, autant que les étrangers, une certaine aptitude naturelle à ressembler à ceux dont le sang coule en nos veines.

J'agitais ces souvenirs, mes amis, en errant l'autre jour, au milieu d'une sorte de fête internationale. Tout-à-coup, je m'arrêtai devant un cartouche sur lequel était déployés les principaux drapeaux étrangers des grandes puissances. Au centre de la gerbe, se trouvait le drapeau de la France. Instinctivement, mes yeux allèrent à celui-là. Je me surpris à contempler longuement, tendrement, ce morceau d'étoffe qui représentait tant d'histoire, qui représentait tant de passé, et qui ne représentera beaucoup d'avenir qu'à la condition que la jeunesse que vous êtes, aura un peu de sang sous les ongles et qu'elle sera résolue à durer... Pourquoi m'absorbai-je dans la contemplation d'un objet si connu, si familier, dont la vue n'avait plus rien à m'apprendre ? Pourquoi oubliai-je presque de regarder les autres pavillons, dont le spectacle pouvait encore révéler quelques détails à ma curiosité ? — Je m'avisai que je ne regardais point le drapeau tricolore, avec les yeux de mon corps : je le contemplais d'un regard moral ; je le regardais en amoureux,—mieux que cela : en jaloux. On ne regarde pas les gens qu'on aime pour voir comment ils sont faits : on connaît bien les traits de leur visage : on les regarde parce qu'on aime à les regarder, parce qu'on les aime, tout court. Je m'amusai à suivre la direction des yeux des promeneurs au fur et à mesure qu'ils croisaient la panoplie multicolore : tous, en passant ils adressaient, instinctivement, sans s'en rendre compte, un regard d'amant aux couleurs de leur pays ; ils faisaient les « yeux doux » à l'emblème auguste et familier. Trois petits soldats s'arrêtèrent. Un instant ils demeurèrent pensifs devant le faisceau des pavillons. Eux aussi, ils s'absorbèrent d'une manière touchante dans la contemplation instinctive de ce carré d'étamine, qui voisinait avec les drapeaux des nations rivales... Et je compris très bien que, tout au fond de leur cœur, il y avait, à ce moment-là, un trouble vrai et profond, une émotion, un instinctif élan de sympathie, — et aussi un sentiment complexe, fait d'orgueil, d'émulation, de jalousie, d'amour, et, si je l'ose dire, d'antipathie, d'une antipathie obscure, irraisonnée, animale... L'amour est un sentiment exclusif... Mes trois petits soldats s'éloignèrent, perdus dans une insondable songerie, avares de propos, et songeant sans doute à des choses trop belles pour qu'il fût possible de les exprimer avec des mots, à des choses ineffables... Faisons comme eux : ne pressons pas trop ces émotions fugitives...

Je vous raconte, en ce moment, mes amis, des choses dont je n'ai point dans l'idée qu'elles soient rares. Ces détails sont petits. Ils sont humbles. Mais je trouve qu'ils sont humains. Ils répondent à quelque chose de vrai. Le cœur, je vous l'ai dit souvent, a des raisons que la raison ne connaît pas. Quarante millions de cœurs français ont ces raisons-là, puissantes et irrésistibles par leur nombre et par leur réalité. Ces raisons-là, elles sont la respiration même de la Patrie. La France, *la France qui compte*, pense et sent ainsi.

Demeurons, à propos de l'emblème sacré qui est le drapeau de notre pays, dans cet ordre d'idées simples et sentimentales. Nous sommes en plein dans la vérité. Le drapeau en soi, aussi bien ce n'est pas ce qui m'intéresse. Celui qui vous parle, vous savez bien que ce qui l'intéresse d'ordinaire et qui même le passionne, c'est nous, c'est vous, c'est ce petit morceau de matière humaine, faite de sang et de nerfs, et constituée par vos personnes généreuses, sensibles, aimantes, impressionnables, — françaises, — c'est tout dire. Oui, parlons de vous : on ne fatigue jamais les gens en leur parlant d'eux-mêmes.

Si je vous disais — : « Mes amis, il est de toute nécessité que le drapeau vous émeuve ;... il faut que vous lui soyez attachés et dévoués ;... il faut qu'à un certain moment vous soyez si exaltés de patriotisme que vous lui donniez votre vie, sans y penser, pour que ce morceau d'étoffe soyeuse ne soit pas touché par la grosse main brutale de quelque soldat au poil roux, qui sait si les phrases les plus éloquentes réussiraient à allumer dans vos cœurs, pourtant si facilement inflammables, le feu (qui seul importe) de l'émotion et de l'amour ? Non. Ne procédons pas au moyen de souhaits exprimés. Montrons, non pas ce qui doit être, mais ce qui est. Mes trois petits soldats de tout-à-l'heure, on ne venait sans doute pas de leur faire, au sujet du drapeau, tout exprès une « conférence morale ». D'elle même, la flamme de l'amour s'est allumée en ces trois cœurs, à la vue de ce lambeau de soie qui représentait quelque chose à leurs yeux comme un fragment de la robe de cette personne aimée, charmante et séduisante qu'est la France. La même petite flamme brûle secrètement en tous vos cœurs. Soufflons seulement sur ce feu pour l'attiser.

Revivons ensemble, voulez-vous, les quelques minutes de la cérémonie d'hier, si brève, si nette, si simple, si peu théâtrale, si sobre, si noble, — si militaire. Cette cérémonie fut émouvante. Elle a ému des hommes d'âges, de tempéraments, de grades très différents. C'est un fait cela. Que dire contre un fait ? Regardons-le d'un peu près ce fait, voulez-vous ?

Mon ami Martin (oui, c'est toujours à lui que j'en ai. J'ai la faiblesse d'aimer à suivre les pensées en son esprit simple et les émotions en son cœur honnête et peu compliqué)..... mon ami Martin donc, avait astiqué avec application son sac et tout son fourniment. Il s'agissait de se préparer pour la revue, rien d'autre. La tête de Martin était froide, il était descendu sur les rangs sans exaltation. Il n'avait nulle émotion : ce n'était pas un jour de bataille; et rien, ma foi, ne lui avait « monté » la tête...Il y eût un moment, pourtant, où Martin eût comme un éblouissement et où tout son corps fut secoué d'un frisson. Je le sais : il m'a fait ses confidences. Je traduis ici ses impressions.

La revue d'abord. Hier donc, les trois bataillons, formant les trois faces d'un carré, étaient alignés dans la cour. Et ces trois murailles humaines se *voyaient* réciproquement. Pour la première fois, peut-être, Martin aperçut d'un seul coup d'œil quelque chose de plus grand que soi-même, de plus grand que l'escouade, que la section, que la compagnie. Il eut sous les yeux l'image plus grande d'un régiment, dans lequel il se trouvait, au milieu de 1800 autres Martins, qu'il voyait ; et son âme, tout-à-coup, s'est agrandie aux dimensions de ce grand corps dont il faisait partie.

Oui, vous avez pu vous apercevoir tous en même temps, immobiles, calmes, disciplinés, organisés, soudés les uns aux autres, solides, redoutables. Vous avez eu la révélation de la Force. A vos yeux est apparue une image de solidarité. Cette image donne confiance. Ceux qui ont des biceps les regardent avec complaisance. Les badauds de la rue aiment à voir passer le régiment. Celui qui, du bout des lèvres, dit : « Voilà bien des forces perdues », pense secrètement, au fond de soi-même : « Voilà la partie la plus cohésive de la nation ;... en voici l'os, l'os dur, sinon la chair. » Le petit boutiquier pacifique, — et parfois pacifiste, — et qui aime son pays sans faire expressément profession de patriotisme, le petit boutiquier qui, du pas de sa porte, regarde défiler les soldats, lance un regard sévère au mauvais troupier qui affecte de ne pas marcher au pas et de tourner la tête pour regarder aux fenêtres. Qu'un nuage obscurcisse un moment l'horizon politique, et le bourgeois tranquille jette avec émoi les yeux autour de soi ; il se rappelle brusquement, avec inquiétude, qu'au milieu de l'énorme Univers armé, la France n'occupe qu'une petite place, très convoitée. Il conçoit alors le sens et la portée de l'énorme effort militaire d'un pays qui, grâce à Dieu ! possède beaucoup, beaucoup de petits morceaux d'armée, pareils à celui dont les pas sonnent, en ce moment, sur le pavé de la rue...

Bref, vous avez tous compris, senti, ce que c'était que cette Discipline, qui construit, cimente, hiérarchise. Et vous avez eu, en vous apercevant vous-mêmes, cette impression de murailles harnachées, armées, hérissées de baïonnettes, faites de poitrines, — murailles de chair et d'acier, plus solides que des murailles de roc, car elles sont mobiles ! elles peuvent se dérouler, se détendre comme des ressorts ; elles peuvent courir ; dix-huit cents cœurs les animent ; elles peuvent, sur un signe, si elles sont résolues à mourir et entêtées à vaincre, elles peuvent se ruer à la victoire et échapper aux coups des obus, précisément en volant au devant d'eux.

A cette cérémonie d'hier, tandis que nous étions au repos dans la cour, attendant la compagnie d'escorte ; tandis que nos regards erraient distraiment à droite et à gauche, je me suis mis à songer... Ma pensée est sortie de la cour ; elle s'est mise à vagabonder sur la surface du territoire. Et j'ai fait cette réflexion, que vous avez tous faite, vous aussi, instinctivement : « Donc, voilà bien des soldats... Mais ce ne sont pas les seuls... Hors de cette ville, il y en a d'autres... Et peut-être bien que ce même jour, à cette même heure, dans chacune des innombrables garnisons françaises, peut-être bien qu'il y a aussi, à cheval ou sac au dos, des escadrons, des bataillons et des régiments, qui attendent leur drapeau ou leur étendard... Et ainsi, à cette minute même, il y a, sur le sol de la patrie, une moisson de soldats, debout, immobiles, silencieux, n'ayant d'autre profession que de fortifier en leur cœur l'amour de leur pays. Il est clair qu'ils n'ont pas le monopole du patriotisme. Aucun d'eux n'est assez fou ou assez criminel pour désirer la guerre : tous ces hommes aiment la vie. Mais, leur profession les a familiarisés avec le visage de la mort, qu'ils regardent chaque jour face à face. L'inneffaçable pli professionnel, le voilà : c'est d'être prêts à mourir — exemplairement... Les gens que l'on aperçoit, de l'autre côté de la grille, qui vont et viennent, qui circulent, qui se hâtent vers leurs affaires, ces gens-là, à juste titre, sont préoccupés de leur tâche. Le patriotisme n'a que faire d'être en eux, à tout instant, à l'état aigu. Ce sont les abeilles qui produisent le miel de la ruche... Ainsi, si nous ne sommes pas à nous seuls la Patrie, — oh ! bien loin de là ! — nous en sommes, en tout cas, une partie très consciente. Nous en sommes le squelette. Tous ces soldats debout, debout partout, depuis la côte jusqu'aux montagnes, c'est les racines par lequelles la nation s'accroche puissamment à son sol.................................

....

... Tout à coup, on a crié : « Garde à vous ! »... Le drapeau a franchi la grille... Et soudain, le grand espace vide qui se trouvait au milieu de la cour s'est trouvé rempli tout entier par ce petit morceau de soie tricolore, si grand, qui entrait claquant dans le vent, comme poussé par un souffle venu du fond de l'histoire... Il a paru, entouré d'un halo de souvenirs, lourd de traditions, lourd de passé ,lourd de gloire et rayonnant d'un idéal incomparable...

... Alors, quelques secondes, la musique s'est tue. Il s'est fait un grand silence, au milieu duquel quelques commandements ont retenti. Quelques gestes militaires furent esquissés, simples, larges, précis. Le Colonel a salué le drapeau. Et il l'a présenté aux recrues. Tous les regards ont convergé sur l'emblème sacré. Dix-huit cents regards, à la fois, l'ont contemplé. Dix-huit cents cœurs ont battu, à coups un peu plus pressés.

Et je sais bien que chacun, pendant quelques

secondes solennelles, fut secoué par un frisson sacré. Cette émotion n'eut rien de métaphysique, rien de cérébral : elle fut simple, profonde, physique ; elle prit chaque officier et chaque soldat aux entrailles, dans sa chair.

Est-ce vrai ? Quel est, dans cette assemblée, l'homme simple qui n'a pas éprouvé cette sensation forte, presque animale ? Il y a ici des jeunes gens cultivés. Et il n'est pas besoin d'être un grand psychologue pour deviner que quelques-uns, parmi ces très jeunes gens, s'acheminent, par l'apprentissage d'un scepticisme tout verbal et superficiel, vers l'époque où leur cœur s'attendrira, s'ouvrira, se trempera, se laissera pénétrer tout bonnement par les sentiments simples et éternels : amour du clocher, amour de la famille, amour de la race, de la patrie, du drapeau. — Vous avez les lieux communs en horreur, jeunes gens instruits ! Mais ce n'est pas parce qu'une vérité est un lieu commun qu'elle cesse d'être une vérité. Ces vérités-là, à hauteur du cœur et à portée de la main, c'est le pain quotidien de l'humanité. On ne se nourrit pas de langues de phénicoptères et de nids d'hirondelles. Quel est donc celui d'entre-vous, petite aristocratie intellectuelle de la collaboration de laquelle une compagnie a tant besoin, quel est celui d'entre vous qui oserait protester contre ce que je viens de dire ? Quel est celui qui oserait rougir du sentiment qui fut hier le sentiment unanime, sous prétexte que ce sentiments était naïf, naïf comme l'amour filial ? Qui oserait penser en ce moment : « Tout ce que nous entendons ici n'est qu'une vaine rhétorique ? » — Donc, il s'agit d'un fait. L'officier approchant de la cinquantaine, ayant porté le harnais pendant trente ans, a vu, au cours d'une vie déjà longue, beaucoup naître, et beaucoup mourir autour de soi ; son cœur vieillissant est un muscle qui a beaucoup servi ; cent fois il a vu cette même cérémonie du drapeau ; il pourrait être blasé : pourtant, d'année en année, au fur et à mesure qu'il croit à moins de choses, il croit plus à la patrie ; et chaque fois qu'il passe, à la tête de sa troupe, devant l'enseigne de son régiment, sa figure pâlit légèrement et sa gorge se serre... Et derrière lui, les soldats qui rentrent au cantonnement après une journée éreintante, se redressent soudain et défilent énergiquement devant leur drapeau arrêté à l'entrée du village, comme si, en vérité, c'était la France elle-même qui, à ce moment-là, les regardait passer. — Dites si j'invente, les anciens !

Est-ce un fait cela, ou de la rhétorique ?

Dix-huit cents cœurs qui battirent à l'unisson, ce fut donc un fait : à le noter, il n'y a ni emphase, ni rhétorique. Si, en quelque énorme Champs de Mars, on pouvait présenter le drapeau à 38 millions de Français à la fois, 38 millions de cœurs se mettraient à battre soudain à coups un peu plus pressés. C'est un fait. Et si une voix s'élevait pour crier : « Prenez garde ! Ce drapeau qui représente tant de gloire, qui représente des deuils, mais qui ne représente aucune honte, ce drapeau, on s'apprête à l'humilier ! » la France entière tressaillirait et se dresserait comme un seul homme. C'est un fait. Et ce sentiment n'est point superficiel. Il n'a pas seulement une existence verbale. Il est profond. Votre race, mes amis, qu'on a si souvent représentée comme douée d'une jeunesse incorrigible, semble être entrée dans la maturité.

Elle ne crie plus rien d'un cœur léger. Elle ne crie rien. Elle se tait. Ses passions sont concentrées et silencieuses. Elle saurait aller quelque part sans d'abord crier qu'elle y va. Elle aime son drapeau sans forfanterie, sans fanfaronnade. Le patriotisme n'est point pour elle un air d'opéra.

Un dernier mot à propos de la cérémonie d'hier.

Je me suis laissé aller, comme vous tous, est-il besoin de le dire ? à une forte et naïve émotion. Et puis, j'ai songé... Je me suis demandé le pourquoi — ou les pourquoi — de ce trouble à la fois physique et moral. Et j'ai pensé que si nos corps étaient ainsi parcourus par un même frisson dans le moment que l'on nous présentait solennellement le drapeau de notre patrie, c'était évidemment parce que nos âmes latines et classiques avaient le goût des symboles, des choses résumées et synthétisées ; et parce qu'enfin, à contempler notre drapeau, nous avions l'illusion de voir, à un moment, la France, la France elle-même, la France chère face à face.

Mais, il y a autre chose. Il y a des raisons plus profondes. Nous ne sommes pas seulement nous-mêmes. Le présent n'est pas seul en nous. En nous est aussi le passé. En nous vivent les morts ; en nous tressaillent, s'affligent, triomphent les pères, les grands-pères et les aïeux. Le sang de notre cœur, on ne l'a pas puisé, au moment de notre naissance, dans une source qui soudain a jailli d'on ne sait où. Dans nos veines, roule un sang qui déjà a vu le drapeau. Des portions de nous-mêmes déjà ont suivi, dans les temps lointains, les enseignes de la Patrie. Nous tous, qui étions hier dans la cour, déjà nous avons marché en troupe derrière le bâton dressé qui portait le sanglier gaulois, la chape de St-Martin, l'oriflamme de Jeanne d'Arc, le Coq, l'Aigle, ou cette cocarde tricolore dont Lafayette annonçait à vos grands-pères qu'elle ferait le tour du monde. Les globules de sang qui arrosent nos corps et qui font aujourd'hui vos joues roses, déjà ils ont grondé dans les artères d'autres hommes, qui étaient à Metz, à Marignan, à Austerlitz. Ce sang a vu le drapeau au milieu des balles et de la fumée. Ce sang a coulé sur le sol dans des coins de bataille, où la mêlée était plus ardente, et où le drapeau s'est peut-être trouvé en péril ;... où il a passé de mains en mains ; où il a été pris, repris, furieusement, héroïquement. Ce sang, qui est le vôtre, a vu le drapeau souvent glorieux, parfois vaincu, jamais humilié.

Hier donc, quand le drapeau est entré dans la cour, vos yeux *l'ont reconnu*. Car il y a dans vos corps quelque chose qui l'avait déjà vu. Sur la soie tricolore sont inscrits, en lettres d'or, les noms de quatre victoires : à ces batailles se trouvaient vos grands-pères, c'est-à-dire des êtres qui ne sont ni des abstractions ni des entités, des êtres qui ne sont pas morts complètement, puisqu'ils vivent encore mystérieusement et fortement en vous. Et voilà pourquoi chacun, quel qu'il fût, a senti frissonner les fibres les plus secrètes de sa chair. Les voix des morts se sont mises à chanter sourdement au fond de vous-mêmes. Votre émotion fut une chose sacrée dont vous n'êtes pas les seuls propriétaires. Votre âme est une chose historique qui n'est point à vous seuls. Les peuples jeunes se dépèchent de fabriquer du passé et de mettre derrière eux quelque chose qui soit leurs titres de noblesse. Nul peuple n'a des lettres de noblesse comparables aux vôtres. Vous pouvez en être fiers.

Et voilà ce que j'ai pensé. Et j'ai envisagé l'avenir avec confiance. J'ai songé : « Si cette cérémonie si simple produit sur nous tous, qui sommes de sang-froid, une impression aussi forte, comme tous ces hommes deviendraient aisément, en vertu d'une habitude atavique, des héros, s'il le fallait ! Un instant leur drapeau leur apparaît dans la cour, en pleine paix, au cours d'une cérémonie traditionnelle et sobre. Et les soldats sont émus. Quelle émotion serait donc la leur s'ils voyaient soudain leur drapeau au milieu des balles, dans la tragédie enivrante de la bataille ? Quelle ruée vers leur drapeau, s'ils le voyaient menacé ? Quel entrain, quel élan, quelle furie ! quand ils l'accompagneront, baïonnettes hautes, au moment de la charge !... Et quel délire héroïque si, un jour, c'était le bras de la Victoire qui saisissait la hampe !... »

IX

Santé? Force? Aisance? Bonheur?

SANTE ?... FORCE ?... AISANCE ?... BONHEUR ?...

Bien qu'il existe déjà une quantité considérable de conférences sur l'alcool (et l'on a tenu à en dépouiller un très grand nombre, afin que ce travail eût des dessous solides) ; bien que...— ou peut-être parce que les meilleures de ces conférences sont de très remarquables traités sur l'alcool et sur l'alcoolisme, s'adressant à un public de culture développée, on a cru devoir mettre tous ses soins à écrire — tels qu'on les rêvait composés pour une assemblée de soldats — ces deux discours qui sont expressément ceux d'un capitaine à sa compagnie.

La — ou les conférences sur l'alcoolisme sont de règle dans chaque unité. Il s'agit d'un devoir philanthropique — beaucoup plus social encore que militaire — dont tous les officiers conçoivent l'importance.

Pour que le programme fût complet, qu'on s'est proposé de parcourir, l'alcoolisme devait donc trouver place ici.

Et l'on s'est efforcé de mettre dans ces deux conférences de l'entrain, de la vie, — du pathétique si possible ; on a tâché de frapper les imaginations, d'émouvoir les soldats ; on s'est adressé à leur raison, et souvent à leur sensibilité.

SANTÉ ?... FORCE ?... AISANCE ?... BONHEUR ?...

(PREMIÈRE CONFÉRENCE SUR L'ALCOOLISME)

....

Et les soldats pensent :

« — Encore une conférence morale ! »

Et mon ami Martin que voici, au premier rang, la bouche entrouverte, est, comme toujours, rempli de bonnes dispositions ; et je sais bien qu'il entrouve aussi, par avance, son âme obscure et sa « réceptivité ».

Mais, tout de même, ce pauvre Martin, qu'est-ce qu'on va encore lui demander ?... Cet insatiable capitaine demande toujours quelque chose. Evidemment, l'on sait bien qu'il ne le demande pas en son nom. Déjà il l'a dit : il n'est pas un patron. Ce qu'il demande, c'est au nom de la Patrie qu'il le demande, au nom de la Patrie, que l'on sait bien que Martin aime de tout son cœur ingénu... Mais cependant Martin est inquiet. Il se méfie. C'est qu'on lui a déjà demandé tant de choses : sa personne, sa bonne volonté, son attention, son zèle, son dévouement, son abnégation, — et même sa vie, Dieu me pardonne ! le cas échéant. On lui a parlé du Devoir, de la Vertu, de la Discipline, du Drapeau, de la Société, de l'Armée, de la Guerre, de la Souffrance, — de la Mort. Et, en somme, la conclusion de tous ces discours, c'était toujours :

« — Martin, mon ami, prête-toi ; et même, va, fais bonne mesure : donne-toi ! »

Et Martin est prêt, c'est un point acquis, à faire, s'il le faut, casser sa tête dure et fortement sculptée... le plus tard possible, n'est-ce pas ?...

Mais alors ?... Alors, qu'est-ce qu'on peut bien lui vouloir encore, à ce pauvre Martin ?...

Rien !

Rien, je vous le dis. Que Martin soit sans appréhension et sans méfiance. Aujourd'hui, le capitaine n'a rien à demander à ses soldats. Il n'est question, pour le quart d'heure, ni d'acquérir, ni d'accroître quelque vertu militaire ou sociale, dont dépendrait une meilleure marche de la compagnie ou une somme de satisfaction professionnelle plus grande pour cet égoïste de Capitaine. Le désintéressement de cet homme est absolu. Jamais, mes amis, jamais depuis qu'il vous parle, il n'a été inspiré par un amour pour vos personnes moins suspect, plus pur, plus direct, — plus ardent. Dans notre métier, quand le Capitaine parle à ses soldats, — que ce Capitaine soit Français, ou Russe, ou Japonais, — il leur enseigne qu'il faut savoir mourir, à l'occasion — et mourir proprement, seule manière de mourir qui ait un peu de charme. Mais aujourd'hui — que mon ami Martin se « décontracte » et se détende ! — il ne s'agit pas de mourir, même dans un avenir éloigné : il s'agit de vivre. Je ne m'adresse pas aux réserves d'abnégation de mes braves soldats. Non. Je m'adresse à leur instinct de conservation, à l'amour profond qu'ils ont pour la vie, pour la beauté, — pour la beauté qui vous fait aimer des belles filles ! — pour la santé, pour la force ; je m'adresse à ce qui est en eux l'aspiration au bonheur.

Et savez-vous ce que, précisément, j'apporte ici, ce matin ?

C'est une recette pour être heureux.

Ni plus, ni moins. Ce n'est pas banal, hein ? Et pour être heureux, non pas seulement au régiment, où vous passez quelques semaines ou quelques mois (ça ne vaudrait vraiment pas la peine !) ; mais pour être heureux, — aussi heureux que possible — tout le long de la vie. — Qu'est-ce que cela me ferait, voyons ? si je n'aimais pas mes soldats, qu'ils fussent hors d'ici, heureux ou malheureux ?... Je ne le saurai même pas !... Philanthropie désintéressée !

Allons ! qui, parmi vous, veut être heureux ? — A ceux-là seuls je m'adresse. Tous les autres, tous ceux qui ne se soucient point du bonheur, je leur donne la permission d'aller fumer leur pipe dans la cour : ils sont libres ! L'enseignement d'aujourd'hui est gratuit, mais non obligatoire. Le bonheur, cela ne s'enseigne pas de force.

Car, n'en doutez pas, mes amis, c'est bien le

bonheur que j'ai la prétention d'enseigner aujourd'hui. C'est bien le bonheur (du moins tout ce qu'on peut enseigner à un être humain du bonheur), puisque c'est le moyen de garder sa santé ; d'augmenter sa force ; d'accroître son aisance ; d'asseoir la paix, l'affection et le bien-être au foyer de son ménage ; d'assurer la prospérité de sa descendance, en qui l'on continue de vivre, et qui soit seule capable, sans doute, de donner un peu d'immortalité à l'homme ; — et de jouir, enfin, de l'estime des voisins et de la considération publique, en tout lieu et en tout temps, chères au cœur du citoyen.

Sont-ce bien là, mes amis, dites-le moi, les éléments du bonheur ? N'en oublié-je point ? Eh ! bien, ces recettes-là (oh ! faciles et humbles !) j'en tiens donc boutique en ce moment ; et je vais les donner pour rien, — pour l'amour de vous (ah ! oui, c'est bien le cas de le dire encore une fois : pour l'amour de vous !)

Puisque vous êtes ici et que le conseil de revision vous a reconnus bons pour le service, savez-vous bien qu'il a proclamé, en même temps, que vous étiez aptes à être heureux ?

— « Tous ces jeunes corps-là, a-t-il dit, souples et forts, et dans lesquels circule un beau sang pur, sont bons pour le service de la Patrie ; et ils contiennent aussi, en puissance, le bonheur.» Les plus simples d'entre vous, conçoivent cela : que l'on porte le bonheur en soi et qu'il n'est point extérieur à l'homme. Oh ! oui, je sais bien qu'on court après, parbleu ! Mais il est bien inutile de prendre le train et de changer de place pour l'aller chercher. On fabrique son bonheur à chaque minute, comme on fabrique les globules mêmes de son sang ; c'est, en quelque manière, une propriété intrinsèque à l'homme. — Il faut *la volonté* d'être heureux.

Et vous êtes tous, précisément, ces jeunes gens dispos et bien portants, heureux comme on dit, tout simplement « d'être au monde et d'y voir clair », et, par dessus le marché, je me plais à le reconnaître, vous êtes de bons petits garçons. Je vous l'ai déjà dit et je vous le redis pour que vous appreniez à vous « aimer », et pour vous donner, si je l'ose dire, « le goût de vous-mêmes » (cela s'appelle dignité, tout bonnement) : vous êtes, au physique et au moral, la portion la plus saine de notre pays. Les tarés ne franchissent point la grille. Vous êtes tout-à-fait « en formes » pour vous élancer dans la carrière. Nous partons d'un excellent point de départ... Ah ! la belle matière à fabriquer du bonheur ! que ce serait donc dommage de gâcher un aussi beau capital !

En route donc ! En route pour la vie !... Quels sont ceux qui veulent savourer longtemps l'ivresse d'une jeunesse ardente et jouir à leur trente-cinquième année d'un corps tout neuf encore, intact, pareil à celui qu'ils avaient à vingt ans ?...

Ah ! quelle richesse, quelle fortune, quel beau patrimoine qu'un corps comme celui-là ! ah ! qu'il serait donc dommage, hein ? n'êtes-vous pas de mon avis ? de mêler du poison au beau sang rouge qui court dans ces artères !... Ah ! vraiment, ce serait un meurtre, un sacrilège !... Mais qui parle d'empoisonner ce corps-là ? — En voilà une idée, par exemple !... qu'est-ce que cette vague menace de poison vient faire ici ?...

Hé ! hé !... nous verrons !... Je m'entends.

... Et je disais donc : Qui veut être, à quarante

ans, dur et solide comme un chêne ; sentir la santé et la force circuler dans ses membres ; et connaître la sensation puissante d'une maturité robuste ?... Allons ! qui veut vivre vieux ? Qui veut être, à quatre vingts ans, un beau vieillard, sans infirmités, ayant l'œil vif, le jarret ferme, l'entendement clair, l'humeur allègre, et l'estomac, ma foi ! en état de jouir d'un plaisir qui, certes n'est point indifférent dans la vie, j'entends celui d'un bon dîner, mangé d'un bel appétit, aux noces de sa petite fille ?...

Ils vous intéressent, n'est-ce pas ? cet homme fait et ce vieillard ?... Vous leur savez gré d'avoir de si belles apparences. Vous les trouvez beaux. Vous trouvez que ce sont de superbes exemplaires d'hommes. Et vous les félicitez, dans le secret de votre cœur, de donner cette impression réconfortante de force et de beauté. Vous avez raison. Ces gens méritent, en effet, qu'on les loue. Ils ont voulu — vous m'entendez bien — ils ont voulu se garder comme ils étaient : beaux et sains. Et vous aspirez aussi, instinctivement, à ressembler à d'aussi parfaits modèles... Il ne tiendra qu'à vous : un peu de patience.

Car vous concevez, n'est-ce pas, qu'il eût été vraiment criminel de flétrir ces images de force et de beauté en mêlant insidieusement du poison au sang de cet homme et de cet aïeul ?... Du poison ?... Mais qui parle, enfin, d'empoisonner de pareils chefs-d'œuvre de la nature ?... Et de quel mystérieux fléau, s'agit-il donc, encore un coup ?..............................

....

Mais je continue : Qui veut, sa vie durant, gagner de bonnes journées ; être un des habiles et des notables de l'atelier et avoir la confiance du patron ; et, s'il est cultivateur, labourer droit, longtemps et profondément, et emplir chaque année, ses greniers et ses granges ? Qui veut avoir, en belles pièces d'or sonnantes, des économies dans son tiroir ? Qui veut se réveiller, chaque lundi, frais et dispos, « d'attaque », être poussé hors du lit par la joie de vivre, la joie d'agir, la joie de se servir de sa force, et courir au travail avec courage et entrain, comme on court à un jeu ?... car le travail est un jeu — agréable — pour ceux qui se portent bien ? Qui veut ignorer l'hospice, le pharmacien, et, vraisemblablement le médecin ?... Qui veut ignorer la misère et la maladie ?...

Vous répondez tous :

« Moi ! Moi !... »

Une minute, je vous prie, Martin !... Je n'ai pas tout à fait achevé la peinture de ce que peut être, si *l'homme le veut*, si Martin le veut, — la médiocre — et sûre — félicité humaine. Voici le plus beau, à ce que j'imagine.

Car qui veut tout le long de sa vie, avoir dans sa maison une compagne heureuse du bonheur de son homme, alerte, vive, d'humeur facile et ronde, point aigrie, point découragée, contente enfin, — contente parce qu'elle ignore les soucis et la honte des dettes chez le voisin ; parce qu'elle paie régulièrement et fièrement son boulanger et son épicier ; parce qu'elle ignore le chemin du Mont-de-Piété ; parce qu'on ne démeuble pas son pauvre intérieur (où elle est entrée le jour de ses noces, si brave, si fermement résolue à fabriquer du bonheur), en allant mettre en gage les matelas et la pendule ; parce que ses armoires sont pleines de linge et que sa maison est pourvue d'ustensiles abondants et commodes, sans cesse accrûs par l'ordre et par l'aisance ; parce que, tous les samedis, on met dans sa main la paie de la semaine ; parce qu'enfin elle est la reine d'un domaine plaisant et confortable ; la maman de beaux enfants, drus et forts « crevant » de santé et de vie, sans tares, écoliers modèles, apprentis adorés du patron ; et parce qu'elle est la compagne, l'épouse, — l'amie — d'un homme vaillant, d'humeur égale, bon père (oh ! que cela touche donc les femmes !) courageux, fort, affectueux et doux.

Eh ! pardieu, oui, vous le savez aussi bien que moi, et Martin le sait aussi, qui n'est point grand clerc et qui lit mal la lettre moulée et l'autre point du tout : les femmes sont des miroirs fidèles où se reflètent merveilleusement les joies et les peines du mari. Etres admirables, mes amis, principalement dans le peuple, gravez-ça, dans vos caboches, et, à coup sûr, les moins égoïstes de tous les êtres. Elles n'ont pas, elles à proprement parler, de bonheur qui leur soit propre. Leur génie s'accommode de cela. Elles se contentent d'être heureuses par procuration, par les autres. Leur félicité est celle de leur entourage. Il n'y a qu'à leur montrer la face d'un homme heureux pour que, tout aussitôt, elles renvoient l'image du bonheur. Ah ! vous pourrez, je vous le dis, leur confier, quand vous serez hors d'ici, le soin de vos destinées ; vous pourrez leur donner les clefs de la cave et les clefs de la caisse ; vous pourrez leur abandonner le gouvernement de votre maison : ce n'est pas elles, ah ! non, à coup sûr, qui pousseront les maris et les fils à être de mauvais soldats, de mauvais patriotes, de mauvais citoyens, de mauvais ouvriers, de mauvais pères. Elles sont extraordinairement conservatrices du bonheur domestique et du bonheur national. Et puisque j'ai prononcé tout à l'heure, le mot de *Poison*, — la légende raconte, n'est-ce pas, que c'est Eve qui présenta la pomme à Adam (je ne suis pas bien convaincu de ça, pour ma part) ; mais ce qu'il y a de bien certain, c'est que ce n'est pas Eve qui offrira à Adam la coupe pleine de poison... Poison !... Encore ce mot de poison qui revient ici comme une menace funèbre !...

Bonheur !... Poison !... Le fait est que voilà deux mots qui reviennent souvent ce matin sur les lèvres du capitaine, comme si, en vérité, il y avait, entre ces deux mots, quelque mystérieux rapport...

Oui, c'est vrai, il y a entre le bonheur, d'une part, et, d'autre part, ce poison dont il est de mon devoir de vous parler, un rapport très étroit...

Et puisque tout le monde, décidément, est resté ici pour m'écouter, c'est que tout le monde, c'est bien entendu, veut avoir ma recette. Tout le monde, tous les hommes de ma compagnie veulent enfermer leur vie dans ce tableau de félicité relative que j'ai tâché de brosser tout à l'heure ?

Soit ! alors, mes amis, puisque vous êtes tous volontaires, moi, j'ai une prière à vous adresser, c'est de croire ce que je vais vous dire. C'est d'être assurés qu'on ne vous ment pas ; qu'on ne cherche pas à vous tromper. C'est de croire ce que vous allez entendre avec vos raisons — et avec vos sensibilités ; — de le croire, comme 2 et 2 font 4 ; et de le croire, aussi, comme on croit certaines vérités d'ordre supérieur et sentimental ; comme on croit à la sainteté de l'idée de Patrie, par exemple, — avec la foi.

Tout à l'heure j'ai parlé d'un fléau du genre

humain, d'une calamité publique — d'un poison. *Ce poison, c'est l'alcool.*

Et je m'adresse maintenant à vos raisons. De deux choses l'une : ou l'alcool est un liquide bienfaisant, — et alors il vivifie l'organisme ; ou bien c'est un poison, — et alors il tue.

L'alcool tue. C'est un fait. Cela se démontre. Il y a cinq ou six expériences principales. Je ne puis pas, vous le comprenez bien, les reproduire toutes devant vous ; je ne suis pas outillé pour ça ; et puis ça n'est pas mon métier. Ces expériences ont été faites maintes fois, en public — devant de très nombreuses personnes, — par des savants éminents. Ces gens ne travaillaient pas pour l'argent : ils travaillaient pour l'honneur. Ils ont cru — comme je le crois en ce moment moi-même — être de bons patriotes et rendre service à leurs concitoyens, qu'ils aimaient d'un amour pareil au mien, profond et désintéressé, en leur disant :

«—Faites bien attention : chaque fois que vous avalerez un verre d'eau-de-vie, vous verserez dans votre corps une certaine quantité de poison. »

. . . .

De poison, vous m'entendez bien, les soldats. Il ne s'agit pas d'une boisson passable, ou insignifiante, ou simplement médiocrement utile, et dont à la rigueur, on pourrait très bien se passer ; il ne s'agit pas du tout d'une de ces boissons dont on dit que si, mon Dieu ! elles ne font pas de bien, elles ne font pas non plus beaucoup de mal. Non. Ce n'est pas çà du tout. L'alcool est une substance chimique meurtrière. S'il y en a, parmi vous, qui, dans le cours de leur existence, s'entêtent à boire de l'alcool, eh ! bien, ils sauront à quoi s'en tenir ; ils sauront qu'ils se suicident, lentement, — ou vite — en tous cas, sûrement. Et voilà ! Et quoi qu'on fasse dans la suite auprès de vous, quoi qu'on vous dise, ce nom de poison demeurera malgré tout dans vos mémoires accolé désormais au nom de l'alcool ; et, chaque fois qu'un verre d'absinthe tremblera au bout de votre bras, vous sentirez désormais un petit frisson d'inquiétude et de malaise, — et un remords. — Et ce sera peut-être, (ah ! de quel cœur je le souhaite !) le commencement de la sagesse.

Et comment donc prouve-t-on que l'alcool est

un poison ? Ecoutez ça ; vous verrez que ce n'est pas ennuyeux du tout.

Le savant qui fait l'expérience prend un cochon d'Inde (un cobaye). A l'aide d'une seringue, il fait pénétrer sous la peau du petit animal, dans sa chair, dans son sang, un centimètre cube (c'est quelque chose comme un dé à coudre, et ce n'est pas beaucoup comme vous le voyez), d'alcool industriel.

— « Alcool industriel ? — Connais pas.

Dans aucun cabaret, je n'ai jamais commandé : « qu'on me serve un verre d'alcool industriel ! » J'ai demandé « un mêlé-cassis, une fine, un verre de kirsch, un verre d'absinthe, etc..., je n'ai jamais vu aucun flacon portant cette étiquette » *alcool industriel.* »

Parbleu ! C'est bien évident. Le débitant n'est pas assez sot pour aller raconter partout que la drogue qu'il sert à ses clients est le produit de la distillation des betteraves ou des pommes de terre ; mais comme l'eau-de-vie de vin (laquelle d'ailleurs n'est rien moins qu'un liquide inoffensif) est d'un prix exorbitant ; comme il serait, d'autre part, absurde de gâcher du cognac pour y mêler ensuite de l'essence d'absinthe (cela tombe sous le sens, n'est-ce pas ?) ; comme enfin l'alcool industriel ne coûte presque rien et qu'on peut, en le détaillant, réaliser des bénéfices énormes ; et qu'un marchand, enfin, cherche à s'enrichir et non pas à se ruiner : pour toutes ces raisons, — élémentaires et simples — l'alcool industriel est la boisson courante. C'est cet alcool-là qui se fabrique dans toutes les distilleries de toutes les villes, ici sans doute comme ailleurs. Il faut bien vous mettre dans la tête que c'est cet alcool-là que vous buvez couramment et qu'il y a cent à parier contre un que vous n'en n'avez jamais bu d'autre. C'est cette substance-là qui sert de base à toutes les liqueurs et à tous les apéritifs, vulnéraire, bitter, amer Picon, absinthe, etc... C'est elle qu'on débite dans les cabarets borgnes, dans les assommoirs, dans les cafés luxueux, dans les auberges de campagne, dans les hôtels de premier ordre, dans les dernières des gargotes et dans les restaurants à un louis par tête. Quel que soit le décor, quel que soit le chiffre de l'addition, que le garçon soit correct comme un ambassadeur ou que la bonne ait l'air d'un souillon, que le consommateur ait un paletot de fourrure ou un bourgeron de toile, c'est cet alcool-là, industriel, c'est ce poison-là qu'on lui sert ; et c'est celui-là qu'il paie, cher ou bon marché, selon le lieu.

Et je ne saurais trop insister là-dessus. Car j'ai bien souvent entendu dire : « Bah ! il y a alcool et alcool, comme il y a fagot et fagot. » Il ne faut pas que les plus aisés parmi vous se disent : « Moi, je suis bien tranquille ; je suis à l'abri de cet empoisonnement-là. Je paierai ce qu'il faudra. » Non. Parmi les « Messieurs », mes amis, il y a tout autant d'alcooliques que parmi les ouvriers. L'alcool étant une substance chimique, a, vous l'entendez bien, une formule chimique, qui, au fond ne varie guère. L'alcool est l'alcool, — comme l'eau est l'eau, à peu près, — qu'on la boive dans un quart en fer blanc, ou dans un verre mousseline, ou dans le creux de sa main. Ce qui est vrai, c'est que l'alcool est plus ou moins pur — comme l'eau, aussi est, ici ou là, plus ou moins pure. Mais, ce qui est à remarquer, c'est que l'alcool rigoureusement pur précisément est imbuvable. Il est tellement dépourvu de saveur que l'humanité n'aurait aucun penchant pour cette boison si elle ne lui était offerte qu'à l'état de pureté absolue. Pour que l'eau-de-vie flatte le palais, il faut qu'elle soit impure, et qu'à ce poison, — mortel ! — soient mélangés d'autres poisons, plus mortels encore... Mais n'allons pas trop vite : nous y viendrons à ces poisons-là ; nous y viendrons forcément, puisqu'aussi bien ce n'est jamais de l'alcool pur que l'on consomme.

A notre petit cochon d'Inde, on lui injecte donc un dé à coudre environ d'alcool de pommes de terre, ou de betteraves, ou de mélasse ou de graines. L'alcool est à 50°. C'est, n'est-ce pas, les vignerons ? le titre habituel : cinquante degrés, trois-six ; la proportion est bonne.

De deux choses l'une : ou l'on a injecté à l'animal de l'eau de mort ; ou bien, au contraire, on lui a injecté une eau qui est de l'eau-de-vie (puisqu'enfin on lui a donné ce nom dérisoire), c'est-à-dire de l'eau de force, de l'eau de santé, de l'eau d'énergie, de l'eau de Jouvence, enfin. Et si l'on a mêlé au sang de ce petit animal une substance bienfaisante, fortifiante, tonique, alors, pas de doute : nous allons voir toutes les fonctions de l'animal portées à leur paroxysme, augmentées, exaltées, décuplées ; nous allons voir le cobaye avoir, sous nos yeux, un accès éclatant de bonne santé ; nous allons le voir, par la vertu magique du bienfaisant liquide, devenu tout-à-coup capable de développer la force d'un petit chien... Dame ! Est-ce que le travailleur ne dit pas, d'un air entendu : « L'alcool ? rien de pareil pour donner des forces ! » Est-ce que je n'ai pas vu, moi qui vous parle, donner de l'eau-de-vie à des nouveaux-nés ? Un cobaye adulte est autrement résistant, dites donc ! qu'un nourrisson de quelques jours...

Mais si, au contraire, c'est un poison qu'on a introduit dans les tissus du cobaye, alors, pas de doute non plus, n'est-ce pas ? — il en mourra.

Et je ne vois pas bien comment mes soldats pourraient s'évader de ce dilemme ; comment quelque chose de mauvais engendrerait le bien ; ni comment quelque chose de bon engendrerait le mal.

Eh ! bien, mes amis, les résultats de l'expérience, que je cherche à rendre vivante sous vos yeux, sont frappants : tout simplement, on a tué le cochon d'Inde. D'abord, courte période d'excitation (oui, oui, ne craignons pas de le dire). Puis le cobaye s'est affaisé. Torpeur invincible. Il est devenu ivre-mort. Et, en effet, au bout d'un certain temps, il est mort. — Voilà.

Mais, j'ai dit, en soulignant les mots : il a eu une courte période d'excitation. Ah ! ça, c'est vrai. Pendant quelques minutes, l'eau-de-vie a été cette eau de force et d'énergie que je disais tout à l'heure. Pendant quelques instants, l'alcool a eu cette vertu d'exalter chez l'animal le principe de la vie...

Ici, mes amis, arrêtons-nous un moment. Je sais bien parbleu ! que je suis en plein dans mon sujet et que mon doigt, hélas ! est tout juste sur la plaie. Oui, pardieu ! c'est parce que pendant quelques minutes, l'alcool peut avoir cette vertu-là, cette vertu dangereuse, que le genre humain, presque tout entier, a pris le change. C'est pour ça qu'il s'entête dans son erreur. C'est pour ça que les hommes ont pris le goût et l'habitude de l'alcool. Ce qu'on demande à cette boisson c'est le coup de fouet qu'elle imprime au système nerveux. Pendant quelques instants, oui, cela est vrai, l'homme éprouve cette volupté connue de sentir en soi la vie plus ardente. Et vous voyez bien que je ne vous mens point, puisque je vous accorde cela ; puisque je ne le passe point sous silence. Oui, le buveur, l'intoxiqué des cinq parties du monde, ce n'est pas toujours une satisfaction de gourmandise qu'il recherche (il le faut dire à son excuse) ; c'est, le plus souvent, cette sensation de vie plus intense, ce coup de fouet, cette exaltation de sa personnalité, quel que soit le poison auquel il s'adresse, que ce poison s'appelle alcool ou pipe d'opium, ou injection de morphine, ou boulette de hachisch — ou, tout simplement même, café trop fort.

Tenez ! j'aperçois là-bas, dans le fond, mon ami Pierre qui est ouvrier. C'est un tisseur. Dans quelques mois, il retournera à la fabrique. Un beau matin, Pierre va se réveiller un peu moins dispos qu'à l'ordinaire. Ou bien, vers midi, la moitié de sa journée faite, il sera un peu las... Ma foi ! cela arrive à tout le monde. Mon ami Pierre n'a qu'une chose à faire : ou bien il s'accordera la journée ou la demi-journée de repos nécessaire à la restauration de ses forces ; ou bien, ce jour-là, il travaillera, ma foi ! avec un tout petit peu moins de cœur que d'habitude. Il se couchera de bonne heure ; et, le lendemain matin, sa légère fatigue aura disparu. Et j'aime à croire que c'est ainsi qu'agira Pierre. Car que penserions-nous de la folie d'un malheureux qui, déjà ne se sentant pas très bien, irait, par surcroît et pour aggraver un malaise léger, introduire dans son sang un verre de poison ?

Ah ! que je souhaite donc que mon ami Pierre résiste à la tentation de boire un verre d'eau-de-vie ! Car supposons qu'il ait avalé ce verre d'alcool. Pendant cinq minutes, ça ira mieux. Soit ! Mais après ? après ces cinq minutes ? Ça ira un peu plus mal qu'avant. Tout à l'heure je ne vous ai pas chicanés sur la brève sensation d'exaltation ressentie par le buveur ; alors, vous autres, accordez-moi que je n'invente pas davantage le sentiment de dépression, de tristesse, de malaise, de forces appauvries et diminuées, qui succède à la période d'excitation.

Pierre, n'ayant pas trouvé dans un verre d'eau-de vie le remède à son léger malaise, une heure après, en boit un deuxième ;... puis un troisième... un quatrième. Le soir venu, mon homme est, comme on dit, tout à fait « bas d'état ». L'estomac ne va pas du tout. Pierre s'assied devant son assiette à soupe sans aucun appétit. Il a pourtant eu soin, avant son dîner, de prendre un verre d'absinthe : ah ! c'était le cas, ou jamais.

Avez-vous fait une remarque, caporal d'ordinaire ? — Les jours de la semaine, il ne reste jamais rien dans les plats. Mais, le dimanche soir, on jette une quantité de soupe dans le tonneau des eaux grasses. Les jours de la semaine, les soldats rentrent de la manœuvre ou de la marche avec une faim canine ; ils ont pris de l'exercice et, surtout, ils ont été sobres. Le dimanche, certains soldats ont traîné toute la journée de cabaret en cabaret ; ils ont bu beaucoup de ces apéritifs dont la propriété, n'est-ce pas ? est d'aiguiser la faim ; et, par un singulier hasard, ils se trouvent ce jour-là n'avoir aucune envie de leur soupe. Est-ce que c'est une histoire que j'invente à plaisir ? Est-ce qu'on ne rapporte pas, des longues stations au cabaret, un estomac barbouillé ?

Bref, mon ami Pierre — qui, le matin, n'allait pas trop bien — se couche le soir avec une fièvre légère. Il est infiniment las. Et il est triste. Il est, je suis obligé de dire le mot : abruti ;il est dans le marasme. Une fois couché, il dort mal, il est agité, il a des cauchemars. Il se lève, le lendemain matin, fort mal en train, et, c'est curieux ! plus las, plus courbaturé après le repos qu'il ne s'était couché la veille. Moi je n'en suis pas surpris : Pierre est un homme empoisonné. Et je sais bien ce qu'il lui faudrait : une journée de grand air, de quasi-diète et d'eau claire. Le soir venu, le poison serait éliminé. Mais voilà : comme ça ne va pas, Pierre, à peine habillé, avale un verre d'eau-de-vie. Dans la journée, d'autres suivront.

Eh ! bien, cet ouvrier-là, mes amis, s'il continue de ce train-là, vous savez parfaitement qu'il est perdu, — perdu pour lui, — perdu pour l'atelier, — perdu pour son intérieur, — perdu pour sa pauvre femme,—perdu pour ses enfants. Son système nerveux surmené, usé, fatigué, démoli, à chaque instant aura besoin de ce coup de fouet que je n'ai pas caché que le cochon d'Inde avait éprouvé immédiatement après l'injection d'un gramme d'alcool, — coup de fouet que le cobaye a payé de sa vie.

Vous faites des marches militaires. Il y a, en manœuvres, des journées dures. Après 16 kilomètres, voici un brave petit fantassin qui se dit : « Seize kilomètres sont tirés. Mais il y en a encore autant devant nous. Voici le moment de se donner du cœur. A la cantine, on ne vend pas d'alcool ; mais moi, je suis un malin et un homme de précautions ; j'ai ma gourde dans ma poche ; avalons une bonne lampée. » Et mon petit soldat, qui tout à l'heure était dispos et gaillard, voilà maintenant que la tête lui tourne, que sa poitrine s'oppresse et qu'une lassitude indéfinissable s'insinue le long de ses jambes ; il y a un peu moins d'allégresse dans son cerveau ; son sac est plus lourd ; ses jarrets sont moins nerveux ; le soleil est plus chaud ; il se met à transpirer, à se congestionner, à « fatiguer », à peiner... Est-ce vrai ? Est-ce que j'invente ? Est-ce que vous croyez que s'il recommence l'expérience une deuxième, une troisième fois, mon petit troupier fera l'étape jusqu'au bout ?...

... Le bataillon cantonne un soir dans un bourg de vignerons. On a dit aux soldats : « Méfiez-vous. Ne buvez pas. La journée de demain sera rude.» On boit tout de même ; on boit de l'eau-de-vie. Et, le lendemain, à tous les kilomètres, un soldat s'affale sur l'accotement de la route, livide ou violet. Il a lutté tant qu'il a pu. Mais le poison a été le plus fort. Le soldat est empoisonné. Alors ? Alors l'alcool ne donne donc pas de forces ? S'il donne des forces, ceux qui la veille ont bu devraient avoir fait, — c'est logique — une ample provision de forces. Cette journée-là, je vous le dis, succédant à une nuit d'excès, sera une des journées noires des manœuvres. Il sera grand temps que le soir vienne, et la nuit, et le repos. On en gardera un mauvais souvenir.

Mais d'ailleurs, on sait très bien, aujourd'hui, comment il faut s'y prendre pour faire produire à son corps un effort énergique. Les professionnels de certains sports : marches et courses à pied, foot-ball, courses à bicyclettes, ont renseigné le public sur leurs habitudes. On sait que tous ces gens-là sont des sobres. De ces professionnels-là, je sais qu'il y en a eu au régiment; il y en a peut-être cette année. Demandez-leur donc leur avis, je vous prie, sur la valeur de ce coup de fouet momentané qu'imprime l'alcool au système nerveux. Demandez donc aux célébrités de la « bécane » comment ils la paieraient cette minute d'exaltation passagère. Ces hommes-là, par profession, sont particulièrement soigneux de leur corps. Ils tiennent à rester « en formes ». Ils sont avertis. Ils savent bien qu'un coureur est « claqué » après avoir bu un verre d'eau-de-vie. Pas de danger qu'ils aient recours à ce dangereux poison. Et savez-vous ce qu'ils absorbent quand les épreuves qu'ils affrontent sont particulièrement dures ? — un fruit, de temps en temps, un fruit jûteux, qui leur restitue l'eau enlevée par la transpiration, et qui leur fournit du sucre, aliment substantiel sous un petit volume. Nous sommes loin de l'eau-de-vie.

Et voulez-vous une comparaison ?... Car enfin,

je ne saurais trop insister sur le danger, — et sur la séduction de cette passagère excitation due à l'alcool, qui est, fort vraisemblablement, ce qui induit l'homme en erreur, et ce qui donne le goût et l'habitude de ce poison à tant de braves gens, soucieux, eh ! parbleu oui ! d'entendre la vie chanter plus fort au-dedans d'eux-mêmes. Eh ! bien, voici, d'un côté, une machine à vapeur ; et, d'autre part, voici un tas de charbon. Il y a assez de combustible pour que la machine puisse marcher pendant douze heures, à bonne pression. Mais, en faisant un feu d'enfer, on peut très bien arriver à brûler, en une heure, tout le tas de charbon... Et cela est vrai que la machine tournera bien plus vite. On aura imprimé, à tous ses rouages, un coup de fouet formidable. Mais après ? — Oh ! après, il est certain que les chaudières auront un coup de feu, dont elles ne se guériront jamais. Elles sont, c'est le cas de le dire, « flambées ». Il est vrai aussi qu'au cours de cette brutale expérience la machine pourra faire explosion. Et il est vrai encore que toutes les mécaniques, subordonnées à ce moteur affolé seront disloquées, déconcertées, —

ruinées. Et de rendement utile, à ce rythme accéléré, point : travail fait de travers, matière première gâchée. Tel est le résultat.

Eh ! bien, il en est de la machine humaine un peu comme de cette machine à vapeur. Nous avons, chaque jour, un certain revenu de forces à dépenser. Ce petit revenu, réparti sur la journée entière, on peut le dépenser utilement. Mais il y a des poisons : morphine, hachisch, alcool, qui donnent au système nerveux le triste pouvoir de dépenser en peu d'instants — et inutilement — tout le revenu de la journée ; et après, ma foi ! il ne reste plus rien. La chaudière est brûlée. Le revenu est dépensé. Pourtant, il faut vivre, vivre tant bien que mal — oh ! plutôt mal ! pendant le reste du jour. Alors, on prend sur le capital, on mange à même ce pauvre capital si limité qu'est la vie humaine ; et on le mange mal, car on le mange, encore une fois, dans une machine surmenée, flambée, détraquée, calcinée, incapable d'aucun rendement utile. Et ce qui est vrai de la journée, est vrai du total des jours, c'est-à-dire de la vie. Pendant la vie, on a, à sa disposition, un certain revenu de forces à dépenser. Il s'en faut contenter, mes amis. Il ne faut pas manger son capital. Les alcooliques, qui font, à ce capital, des emprunts continuels, ont leur vie écourtée d'un bon cinquième. Et si encore leur existence, était, comme on dit, « courte et bonne » ; mais non, elle est courte et mauvaise. — Les sociétés d'assurances anglaises sur la vie concèdent aux membres des sociétés de tempérance des primes de 15 % moins élevées qu'aux autres hommes. Et vous savez si les compagnies d'assurances savent ce qu'elles font : leurs calculs sont justes.

Revenons à notre cobaye. Quelqu'un me dira : Oui, Parbleu ! il est mort. Mais je sais bien pourquoi : je me connais un peu en fait de distillation. On a injecté à l'animal de l'alcool industriel non rectifié. Ce n'est pas l'alcool qui l'a tué : ce sont les poisons que contenait cet alcool. Car jamais, au grand jamais, un alcool bien rectifié n'a fait de mal à personne.

J'attendais cette objection. Elle est connue. Combien de fois n'ai-je pas entendu — un peu partout, — faire cette distinction subtile entre l'alcool rectifié et pur — et inoffensif ; et l'alcool non rectifié et impur — et nuisible. Mais l'objection — j'en suis fâché — ne vaut pas le diable. Car, précisément, c'est d'excellent alcool que le savant a pris soin d'injecter au cobaye. Et plût au ciel, qu'on ne consommât jamais d'alcool moins impur et moins toxique que celui dont on s'est servi ! C'était de l'alcool à peu près chimiquement pur, admirablement rectifié, débarrassé de tous les poisons qu'il pouvait contenir. Et tel qu'il était, — inoffensif ? — il a tué le cochon d'Inde.

Et voici, précisément la deuxième expérience. — Tout-à-l'heure, on a injecté au cobaye le meilleur, le plus parfait, le plus pur des alcools industriels : une substance « redistillée » et rectifiée avec le plus grand soin, débarrassée de toutes ses huiles, de toutes ses essences meurtrières, de tous ses poisons. Et cette fois-ci, on se sert d'alcool industriel (encore), mais tel qu'on le recueille à la sortie de l'alambic ; et tel, entendez-vous bien, tel que, la plupart du temps, hélas ! on le vend au consommateur ; et tel, enfin, surtout, qu'on l'utilise pour la fabrication des liqueurs et apéritifs : prunelle, noyau, kirsch, bitter, amer, absinthe, etc... Car pourquoi ferait-on les frais d'une rectification quand on se propose justement de dénaturer le produit par la suite ? D'ailleurs, cet alcool (qu'on injecte donc au deuxième cobaye), a, comme par un fait exprès, de l'arome, du bouquet, une saveur qui flatte le palais, un petit goût de « revenez-y » au lieu d'être, comme la précédente liqueur, neutre, insipide, fade, nullement agréable à boire.

L'injection est faite. Qu'arrive-t-il ? L'animal est presque foudroyé. Cette fois-ci, son agonie qui, tout à l'heure, avait été longue (près d'une heure) et relativement douce, est soudaine et accompagnée des plus horribles convulsions. Le cobaye meurt dans une sorte de crise d'épilepsie.

Et le savant, qui a fait l'expérience, se dit, en constatant ces terribles phénomènes épileptiques : « — Tiens ! tiens ! il y a là quelque chose de nouveau. Le poison alcool, tout seul, ne tue pas comme cela. Il tue ; mais il tue doucement, par arrêt du cœur, des poumons, du cerveau. Puisque l'animal est mort dans des convulsions, il faut qu'à l'alcool-poison fût joint un autre poison, plus terrible. — Si nous essayions de l'isoler ce poison nouveau, pour voir un peu ce que c'est. »

Il l'isole. On distille à nouveau l'alcool industriel primitif ; on le rectifie, — opération coûteuse, vous le concevez, et qu'on ne se donne pas la peine d'effectuer, encore un coup, quand on se propose de fabriquer de l'absinthe ; — et finalement, l'on obtient un nouveau corps, qui s'appelle vulgairement d'un nom que je vous prie de retenir, — et dont il est d'ailleurs fort spirituel de plaisanter : — le furfurol.

Ça embaume, le furfurol. Oh ! c'est un poison qui se présente bien : jolie couleur jaune pâle ; parfum agréable et fin, rappelant assez bien l'odeur de l'essence de cannelle et de l'essence d'amandes amères. Bref, c'est un poison qui a tout justement ce qu'il faut pour constituer un bouquet précieux.

Et notre savant, tenant dans un flacon un peu de ce furfurol ainsi isolé, n'a rien de plus pressé naturellement que d'en éprouver la vertu toxique. Troisième cobaye. On lui injecte cette fois (non pas un centimètre cube, ce serait évidemment beaucoup trop), mais le quart seulement d'un centimètre cube de furfurol. Et cette faible dose de poison tue net, — Martin l'a deviné — le petit animal. Mais la mort est accompagnée de phénomènes convulsifs ayant tous les caractères d'une violente crise d'épilepsie. — Epilepsie ?... Furfurol ?... Eh ! mais, il semble décidément qu'il y ait un rapport étroit entre ce poison et ces symptômes ?...

Et voilà que nous commençons à nous expliquer tant de faits divers ; tant de crises épileptiformes ; tant d'attaques du « haut mal » ; tant d'accès de *delirium tremens ;* tant de systèmes nerveux tarés, surmenés et usés;tant d'humeurs irritables et inégales ; tant de cas de folie homicide ; tant d'actes contre nature ; tant de perversions du sens moral ; tant de dégradations de la personnalité humaine ! — Dans combien de veines, hélas ! coule-t-il, ce poison furfurol, mélangé au poison-alcool, l'un aggravant l'autre ! Vraiment, mes amis, quand on songe combien de milliers d'êtres humains font sur leur propre corps — la seule chose dont on soit bien sûr, en somme, d'être propriétaire — ces mêmes expériences meurtrières que nous avons vu que l'on pratiquait sur de petits animaux sacrifiés et condamnés à mort, un seul mot vous vient aux lèvres, que l'on prononce avec une infinie tristesse : c'est le mot de suicide. Et dire que tant de braves gens se suicident pour tâcher d'accroître en eux mêmes l'intensité du sentiment de la vie ! — On veut boire la vie — un peu plus de vie — de l'eau-de-vie, oui ! et c'est la mort que l'on boit.

Mais, je le sais bien, vous n'êtes pas encore convaincus. Vous avez, en réserve, d'autres objections que je connais. De l'alcool, on en parle partout, dans toutes les classes de la société. On en parle chaque fois qu'on tient un petit verre au bout de ses doigts, c'est-à-dire souvent. Et je sais bien quelles raisons ou quelles excuses invoquent, malgré tout, ceux qui se sont adonnés à ce vice, et qui éprouvent le besoin de justifier — pour eux et pour les autres — leur vilaine passion. Quelqu'un d'entre vous me pourrait dire :

« — Fort bien ! Vous avez tué (ou bien le

savant) trois cochons d'Inde. Mais pourquoi ne vous êtes-vous servi que d'alcool que vous appelez industriel » ? Il y en a d'autres, des eaux-de vie. Et tenez ! il y a l'eau-de-vie de marc ! Pas chère ; très répandue. Dans les campagnes, en pays vignobles, on ne boit que çà. Et j'espère qu'en voilà pour le coup une qui est « naturelle » — et inoffensive et tonique ! »

Naturelle ! qu'est-ce que cela peut bien vouloir dire, voyons ? Quest-ce que c'est que cet étrange abus de mots ! A ce compte-là, tout est « naturel ». L'alcool de bois, aussi, est naturel.

Tâchons, si c'est possible, de voir un peu plus loin que les mots. Une chose directement produite par la nature est une chose naturelle. On écrase les grappes de la vigne ; on en exprime le jus ; on fait du vin. Çà, oui, c'est une chose naturelle, bien que déjà un peu moins naturelle cependant que le raisin lui-même. Mais enfin admettons que le vin soit un produit de la nature. Il n'y a là ni foyer, ni alambic, ni toute une chimie qui intervienne. Le vin est un produit de la nature ; l'alcool, non : c'est un produit de la chimie. Nos estomacs ne sont pas du tout construits pour absorber des aliments sous une forme chimique. Nous mangeons des pommes de terre, des choux, du lard, du bœuf ; nous buvons du vin : aliments et boissons naturels. Par un procédé chimique, on peut fabriquer un remède : on ne fabrique pas un aliment.

Mais l'eau-de-vie de marc, en particulier, dont on fait un si grand usage, pourquoi serait-elle naturelle ? Parce qu'on la fabrique avec les résidus de la vendange ? Et parce que la vendange, on le sait bien, a été faite avec des fruits produits par la nature ? — Purs rapprochements de mots, tout superficiels ! — Car qu'est-ce que c'est, enfin, que ces résidus de la vendange ? — Des peaux de raisins, des pépins, des grappes, c'est-à-dire du bois. Et tout cela a une odeur de « vinasse ». Et c'est pour cette raison, oh ! il n'y a pas à en douter, que l'eau-de-vie de marc est dite « naturelle ». Mais il n'y a pas le moindre rapport entre ces déchets de vendange, entre ces marcs — et du vin. Du vin, on extrait la moins pernicieuse des eaux-de-vie, soit. Mais pourquoi voudriez-vous qu'on retirât de petits morceaux de bois, de pépins, de peaux, un alcool qui fût meilleur que l'alcool extrait des betteraves ou de l'avoine ?

J'en suis fâché pour l'eau-de-vie de marc. Mais enfin on l'a analysée. Et je suis bien obligé de vous enlever une illusion. Il n'y a point d'eau-de-vie qui contienne une si forte proportion de poison convulsivant, à savoir de furfurol. C'est comme ça. Et moi, j'avoue que ça ne m'étonne pas. Je ne suis pas du tout surpris qu'on obtienne quelque chose de très mauvais en distillant du bois. Et, sachant ce que je sais, j'aimerais mieux, entre deux poisons qui me seraient offerts, choisir un verre d'alcool industriel, très bien rectifié. Mais je vous avoue que je m'abstiens rigoureusement, en ce qui me concerne, aussi bien de l'un que de l'autre poison. Je n'ai aucun goût pour le suicide.

J'ai prononcé tout-à-l'heure ces noms : kirsch, prunelle, noyau, eau de cerise, bitter, vermouth, absinthe. L'alcool tout seul n'était sans doute pas un poison assez meurtrier. Et Dieu sait pourtant avec quels alcools sont fabriqués les spiritueux et les apéritifs que je viens de nommer : — avec les pires des trois-six, avec les plus mal distillés et les meilleur marché des « tord-boyaux », — généralement avec des alcools allemands, les moins coûteux de tous.

Choisissons une essence. L'essence d'absinthe est la plus répandue. Voyons les effets de l'essence d'absinthe.

Quatrième cobaye. Injection d'un quart d'essence absinthique du commerce. — Que l'animal meure, cela, n'est-ce pas ? ne fait plus question pour personne. Mais comment meurt-il ?

D'abord le cobaye semble foudroyé. Il reste sur place comme assommé. Au bout de deux ou trois minutes, à cette période de stupeur ayant toutes les apparences de la mort, succède la plus effroyable des agonies. Soudain, le cobaye se roidit sur ses pattes. Il fait en l'air un bond prodigieux, d'un seul bloc. La figure, si douce, de la pauvre petite bête, prend une expression tout-à-fait inattendue de férocité. Il ressemble avec sa face convulsée et ses lèvres grimaçantes et couvertes de bave, à un animal enragé. Dans ses yeux agrandis, hagards, convulsés, fous, on lit une sorte d'appétit de meurtre. Le cobaye est en proie à des visions imaginaires et à un accès d'hallucination. Bientôt, son échine s'arc-boute en demi-cercle. Les membres et tout le corps sont agités de soubresauts entrecoupés de petits cris plaintifs... Puis, un bref moment de calme... Puis l'attaque recommence, offrant à chaque crise nouvelle, les signes d'une violence accrue. Enfin, le cochon d'Inde meurt, après une demi-heure environ de cette impressionnante agonie.

Et n'est-on pas effrayé — et attristé — quand on songe que ce poison-là, l'absinthe, il y a tant d'hommes qui le boivent ?... On rencontre ainsi, dans les villes, certains soirs de samedis et de dimanches, de sinistres figures patibulaires, et des individus, ayant au fond de leurs prunelles des éclairs de folie homicide... Gardez-vous, mes amis, de ce dangereux pochard !... C'est peut-être à son ordinaire, un être inoffensif. Mais l'absinthe est en lui comme un démon malfaisant. N'allez pas lui chercher querelle... Ce sont ces brutes-là (il n'y a pas d'autre nom pour les appeler) qui plantent des couteaux dans le dos des particuliers ; ce sont ces brutes-là, qui, rentrées dans leur pauvre logis, cassent les chaises et la vaisselle, rossent la femme et la font pleurer, estropient les enfants, — les enfants tremblants et hurlant de terreur, accroupis sous la table et rencoignés derrière le poêle... Eh ! oui, c'est comme ça. Et vous savez bien que je n'exagère point... Et l'affiche, étalée dans le corridor, ne ment pas non plus, où il est écrit en grosses lettres rouges : « L'absinthe rend fou... rend fou furieux ».

On fait les mêmes expériences au moyen de l'essence de reine-des-prés, dont on se sert pour la fabrication du bitter, du vermouth, etc... Un quart de centimètre cube : — accès tétaniforme ; mort affreuse.

Ai-je fini ? — Pas encore — Car, enfin, mes soldats pourraient me dire :

«— C'est très joli, toutes ces expériences-là ; mais vous ne parlez que d'alcool, ou de furfurol, ou d'absinthe, injectés, au moyen d'une seringue, sous la peau d'un animal... Mais nous, quand nous prenons une « goutte » ou une « verte » ce n'est pas par le moyen d'une injection hypodermique.».

Fort bien. Mais, mes amis, si ces expériences

ont donc été faites de la façon que je viens d'exposer, c'est que vous conviendrez qu'on ne pouvait guère dire au cochon d'Inde : « Allons ! assieds-toi là, prends un verre et trinquons ».

Le docteur Laborde, dans des expériences publiques, faites en présence de M. Brouardel, a, d'avance ruiné cette objection. Il prend des chiens (c'est un animal qui, physologiquement se rapproche assez de l'homme) et, au lieu de leur injecter l'alcool ou l'essence d'absinthe sous la peau, il leur fait absorber ces drogues par l'estomac, (vous voilà satisfaits), au moyen d'une sorte de tuyau, qu'on appelle une sonde œsophagienne. Oui, on est obligé d'administrer de force le poison au chien ; car cet animal, mieux averti que l'homme par son sûr instinct, refuserait d'avaler l'alcool de bon gré. Et le docteur Laborde a soin de ne pas ingurgiter aux chiens des substances pures. Il dilue l'alcool dans une quantité d'eau égale. Et il leur fait absorber des absinthes étendues d'eau, pareilles à celles que l'on prend au café.

Premier chien. On lui fait avaler 50 grammes d'alcool industriel de betteraves, mélangés à

50 grammes d'eau. Au bout de 20 minutes, le chien est incapable de se tenir sur ses pattes. On l'empoigne par la peau du dos ; on veut le maintenir debout ; il retombe comme un paquet de chiffons. Il est ivre-mort. On peut le pincer, le piquer profondément, lui couper la peau : il ne s'en aperçoit point ; il est insensible.

Le chien demeure pendant un jour dans cet état de torpeur. A son réveil, il aura encore grand-peine à se tenir sur ses pattes. Et il lui faudra plusieurs jours pour recouvrer l'appétit, la santé, et pour se remettre, enfin, de cette profonde intoxication... Quelquefois, le chien ne se remet pas. — Il meurt.

Deuxième chien. Expérience plus concluante encore, si c'est possible ; car elle est, cette fois, extrèmement prudente et progressive. Elle dure trois semaines, pendant lesquelles, tous les jours, on fait absorber au chien, toujours au moyen de la sonde œsophagienne, une toute petite quantité de liqueur d'absinthe (telle qu'on la sert au café) avec addition (telle qu'elle est faite dans la pratique), de la quantité d'eau usitée. Peu à peu, sous l'action de cet apéritif, l'animal perd l'appétit, il cesse de s'alimenter — il perd ses forces, sa gaieté, il maigrit. — Voilà déjà un joli résultat.

D'autre part, il tremble et vacille sur ses pattes comme un vieil alcoolique. Son regard est vague et stupide. Avant l'expérience, il était doux et caressant ; il est, après l'expérience, méchant et hargneux. Parfois, il sort de sa torpeur pour s'élancer violemment devant lui, l'œil mauvais, le poil hérissé, montrant les dents, prêt à mordre. Il suffit de souffler légèrement sur l'extrémité de ses pattes de derrière, pour déterminer immédiatement une trépidation épileptoïde. Car ce chien est un véritable candidat à l'épilepsie.

Vous remarquerez, mes amis, avec quelle modération a opéré le docteur Laborde. Il a voulu aller *piano, piano*. Mais il y a des hommes, hélas ! qui prennent tous les jours, trois, quatre, cinq verres d'absinthe ; si l'on administre au chien des doses analogues à celles-là, on le tue, je n'ai pas besoin de vous le dire. Ah ! vraiment l'homme est bien bâti. Il est propriétaire d'une des machines animales les plus soigneusement construites et les plus résistantes, — d'un vrai chef-d'œuvre. Quel dommage d'abimer un si merveilleux outil !

Et toutes ces expériences si intéressantes, si passionnantes, — et qui, certes, n'ont pas pu vous ennuyer un seul instant — je vous les ai racontées parce qu'il n'était pas en mon pouvoir de les reproduire ici.

Mais il y a une expérience que je puis faire : elle est enseignée, également par les ouvrages du docteur Laborde.

Au moment de mon arrivée au quartier (il y a une demi-heure environ ; c'est le temps qu'il faut pour cette épreuve) les sous-officiers de la compagnie (vous pourrez les interroger, ils se feront un plaisir de vous répondre pour faire éclater leur bonne foi et la mienne) ont mis sous deux cloches conformément à mes instructions, deux cochons d'Inde et deux éponges : l'une imbibée d'alcool de betterave, l'autre d'essence d'absinthe. Et je n'ai pas voulu préparer cela moi-même, car on aurait pu penser : « C'est peut-être bien un peu truqué ».

Voilà les deux cloches, les deux éponges et

les deux cobayes. Regardez : vous avez sous les yeux le spectacle de deux crises épileptiformes... Et ici que vous dirai-je ? Je n'ai qu'à me taire et à laisser parler ces images. Les deux bêtes mourront, sous vos yeux.

Qu'elles demeurent gravées dans vos mémoires ces images, si c'est possible, avec tout ce que je vous ai raconté.

Si je pouvais être convaincu que les 150 hommes qui sont ici ont cru, avec leur raison et avec leur foi, les choses que j'ai dites aujourd'hui, si je pouvais être convaincu que le mot poison restera désormais dans leurs cerveaux indestructiblement accolé au mot alcool, ce soir je me coucherais et je m'endormirais content, pensant : « Allons ! je n'ai pas perdu ma journée. J'ai un peu aiguillé mes soldats sur le chemin de la santé, de l'aisance — et du bonheur. »

Et c'est sur ce mot de bonheur que je finirai aujourd'hui.

X

La Vie.

LA VIE

Dans cette deuxième conférence sur l'alcoolisme, il est évidemment question de l'alcool. Il en est même question à chaque page et presque à chaque ligne. Mais l'alcool en soi est un sujet qui n'intéresse point cet orateur spécial qu'est le capitaine, ni cet auditoire spécial que sont les soldats.

Ce qui intéresse tout le monde, c'est la vie, — la vie que de jeunes hommes de vingt ans aiment d'un instinct puissant et profond, la vie qu'ils aiment, — et qu'ils aimeront surtout — passionnément.

Ici, on parle donc de la vie ; et l'on tâche de se mêler beaucoup aux hommes.

LA VIE

(DEUXIÈME CONFÉRENCE SUR L'ALCOOLISME)

Dans notre précédente causerie, je vous ai rapporté quelques expériences célèbres, — que je trouve, pour ma part, extrêmement topiques et impressionnantes. J'ai tâché de vous montrer que l'alcool était un poison ; que le furfurol extrait des alcools courants, c'est-à-dire mal distillés et mal rectifiés, était un poison plus violent encore ; enfin, que les essences, que les séduisantes essences de reines-des-prés et d'absinthe étaient des poisons plus épouvantables et plus meurtriers que les autres, à cause des accidents épileptiformes qu'ils déterminaient chez les buveurs.

Et je me suis adressé aussi à vos sensibilités. J'ai tâché de faire surgir dans vos imaginations une image aussi saisissante que possible de la santé, de la force, de la beauté, de l'honneur, de l'aisance et de tout ce qui, enfin, peut s'appeler : bonheur... bonheur relatif, dans la dure et pauvre vie humaine.

Et c'est encore et presque uniquement à vos sensibilités — à ce qu'il y a de plus foncièrement humain dans vos cœurs d'hommes, — que je m'adresserai aujourd'hui. L'alcool, en soi, ce n'est pas ce qui nous intéresse. Ce qui nous intéresse, c'est la vie, — la vie que vous aimez d'un instinct puissant et profond, que vous aimez — que vous aimerez surtout — passionnément ! — Parlons de la vie !

Et, justement, je viens de l'appeler : « la dure et pauvre vie humaine ». Pourquoi ? Est-ce que j'ai, par avance, le projet de vous attrister et de vous décourager ? Nullement, vous l'allez voir. Mais enfin la vie est comme cela. Il la faut voir comme elle est. Elle est médiocre. Je n'y puis rien. Ce n'est pas moi qui l'ai faite.

Mais, précisément, mes amis, parce que la vie est médiocre, la mienne, la vôtre, la vie des riches et celle des pauvres, la vie des oisifs et celle des travailleurs, la vie des faibles et celle des puissants, la vie des chefs et la vie des humbles, la vie de celui qui commande et la vie de celui qui obéit ; — précisément, dis-je, parce que la vie est une chose précaire et fragile ; précisément parce que le bonheur s'appelle d'un nom modeste qui est : médiocrité ; précisément, pour toutes ces raisons-là, la vie peut devenir très facilement épouvantable. Ce paradis relatif n'est séparé de l'enfer que par une toute petite marge, très étroite. C'est cette marge-là qu'il s'agit de ne point franchir. Etre heureux, c'est savoir, — c'est vouloir — se tenir du bon côté de cette marge... Le bonheur ? — un frêle véhicule dans lequel l'homme a placé sa femme, ses enfants et sa propre destinée. Le voyage de la vie est long, la route est dure, la voiture va cahin-caha. Pour que le chariot léger ne verse pas en chemin, il faut qu'à tout instant l'homme s'applique à en surveiller la marche. Il faut qu'il l'aide, qu'il le tire, qu'il le pousse, qu'il l'étaye d'un coup d'épaule, dans les endroits rudes ou dangereux. Il faut que l'homme, — chef, époux, père, conducteur, — ait une sollicitude très attentive et une volonté ferme pour que le fragile équipage arrive sain et sauf au terme du voyage. On ne se représente pas bien, n'est-ce pas ? ces destinées précieuses confiées aux mains d'un ivrogne, ou d'un épileptique, ou d'un furieux ?

Bref, être heureux, cela consiste à ne pas verser en route ; cela consiste à ne pas être malheureux, tout bonnement, voilà ce que je dois vous dire, au risque de parler, comme dit l'autre, à la façon de « La Palice, de Jocrisse ou de Cadet-Roussel ».

Au fond, ce n'est pas plus difficile que cela, évidemment. Affaire de volonté. Le bonheur s'appelle : vie simple, ordre, économie, vertu, joie intime du devoir, santé, — ah ! santé, surtout !

Et c'est bien pour çà que j'ai répété l'autre jour si souvent cette question : « Qui *veut* être heureux ? » Oui, il faut et il ne faut que vouloir. Il ne s'agit pas d'une aspiration vague que vos jeunes corps, parbleu ! ressentent naturellement. Il faut vouloir garder sa santé, sa force, son aptitude au bonheur ; il faut le vouloir d'une volonté longue, patiente, obstinée, capable de résister à l'entraînement, capable de triompher d'un préjugé, d'une illusion, d'une sollicitation, d'une moquerie, d'une injure, voire d'une menace.

Mêlons-nous aux hommes. L'alcoolique prie, sollicite, se moque, injurie, menace. Celui qui boit est si content quand il a réussi à faire boire un camarade ! Avec une sorte d'entrain malfaisant, il s'acharne sur la sobriété des autres. Il est tout aise d'être ivrogne en nombreuse compagnie. Cela le rassure. Car, au fond, il a des doutes. Ou plutôt, il a des certitudes. Il sent bien qu'il s'empoisonne et qu'il se suicide. Il enrage d'être une exception. Il souffre de se sentir un être amoindri, atteint, touché, au milieu des autres qui sont demeurés robustes et sains. Il est humilié de se sentir inférieur aux camarades. Et, comme il sent bien qu'il est désormais incapable de s'élever jusqu'à eux, il serait heureux d'abaisser les autres jusqu'à lui. Vous connaissez l'histoire du renard auquel on a coupé la queue ?... Il y a, dans l'alcoolique, comme un âpre et diabolique appétit de dégradation, avec le vague désir de se donner à soi-même une quasi-excuse et une quasi-justification... Voilà, mes amis, la laide image du tentateur, de celui qui cherche à faire des recrues pour le cabaret. Vous le rencontrerez plus d'une fois, cet individu-là... Et, en ce moment vous pensez tous :

« — Oui, tout de même le capitaine a raison ; le voilà bien le raccoleur ; nous le reconnaissons ; telle est bien sa mentalité. »

Puisque vous le reconnaissez si bien au passage, tenez-vous hors de sa portée, une fois que la vie vous aura pris : il est l'ennemi.

Et rappelez-vous bien une chose, une chose qui est essentiellement et tristement humaine : c'est que tous les intoxiqués, tous les candidats volontaires à la maladie, à la folie, à la mort, par l'usage qu'ils font habituellement du poison, ressemblent d'une manière frappante au portrait de cet alcoolique. J'ai connu des fumeurs d'opium. Tous les fumeurs d'opium se ressemblent en ceci que tous cherchent à faire des recrues pour leur vice. Ils pourraient — ils devraient — dire aux camarades de leur entourage : « Ah ! mes pauvres amis, je suis tombé bien bas ; je m'en vais, je m'émiette et je me dégrade un peu tous les jours... Que mon exemple vous serve de leçon !... »

Mais, au contraire, les fumeurs d'opium, (dont parfois les corps ressemblent à des cadavres ambulants), trouvent de l'entrain pour vous dire : « Mais non !... mais non !... Çà ne fait pas de mal ; on exagère beaucoup. Et puis c'est délicieux... çà aide à travailler... essayez-en donc... Je vais vous faire une pipe ; vous m'en direz des nouvelles... » Le tentateur qui offre un verre d'absinthe ne tient pas un autre langage... Ah ! que cela est donc difficile de défendre son estomac, sa santé, sa pauvre petite part de bonheur ! — Mais, avec un peu de volonté, comme cela serait donc facile, aussi, d'écarter du geste le verre de poison !

Sortons des généralités. Prenons un cas concret. Dans cette compagnie-ci... tenez ! là, assis au milieu de vous, j'en aperçois un qui sera une victime de l'alcool...

Et chacun s'effare... Et chacun, intérieurement proteste. Chacun pense :

« — Ah ! mais non !... Pas moi !... Je ne veux pas être celui-là... »

Soit ! Que personne, dans l'avenir, ne ressemble donc à celui dont je vais, par avance, dire cependant la navrante histoire, tout comme si je l'avais là, écrite sous mes yeux. Non ! que pas un d'entre vous ne ressemble à celui-là : c'est, vous le pensez bien, la grâce que je vous souhaite du fond de mon cœur... Et pourtant ?..

....

Quoi qu'il en soit, ce soldat-là, que je dis qui est assis au milieu de nous, dans cette chambrée, il s'appelle... mettons, si vous le voulez bien : Jacques.

Jacques est arrivé au régiment venant de l'usine. C'était un ouvrier. Un bon ouvrier. A 20 ans, il gagnait déjà, ma foi, ses trois ou quatre francs par jour. En arrivant à la caserne, il se portait... heu ! heu !... comme ci comme çà. Mais trois ans de vie hygiénique ; les exercices au dehors, la longue cure d'air pur, la vie régulière, la sobriété presque rigoureuse, le bon sommeil : tout cela a remis mon Jacques à neuf. Et, en quittant le régiment, il est tout-à-fait en formes.

Pour une raison ou pour une autre : faiblesse

de caractère, goût héréditaire pour l'alcool, habitudes familiales, mauvais exemples, sollicitations venues du milieu où il vit, (les raisons, hélas ! ne manquent pas !) Jacques se met à boire de l'alcool.

Voyons ensemble, mes amis, le mal que Jacques se fait à soi-même ; le mal qu'il fait à sa bourse ; le mal qu'il fait à son ménage, à sa femme, à ses enfants ; le mal qu'il fait, en fin de compte, à la société et à la Patrie — c'est-à-dire à nous. Nous avons essayé, l'autre jour, de faire un croquis du bonheur ; aujourd'hui, dessinons le pendant ; essayons de faire une peinture du malheur, — peinture sans aggravations, sans exagérations, où rien ne sera poussé au noir. Restons dans la vérité, — triste et tragique, — simple.

L'ami Jacques,.. (ah ! oui, il est resté mon ami. Je ne le hais point. Je le plains seulement) en trois ans, sans s'en douter, est devenu un alcoolique. Il ne s'en doute pas. Et c'est bien ce qu'il y a de pire. Il ne s'est encore jamais enivré. Il est resté un assez bon ouvrier, un peu moins exact cependant et moins robuste qu'autrefois.

Il a moins d'entrain. Il est souvent las, et triste, sans savoir pourquoi. Il se fatigue rapidement. Très souvent, il a recours à un verre d'alcool pour se donner du cœur. Pourtant si l'alcool décidément donne du cœur, Jacques n'en devrait pas manquer. Comptons bien. Sitôt levé, il avale à jeun son petit verre d'eau-de-vie. — Travail. — Avant midi, Jacques a pris l'habitude d'aller, avec ses compagnons, avaler son verre d'absinthe — debout — sur le comptoir. — Déjeuner. De l'appétit ?... Heu ! heu ! pas beaucoup. — Café ; gloria. — Travail... La journée est finie ! — Avec quel plaisir, le soir venu, Jacques s'assied au cabaret devant son verre d'absinthe. On n'est pas seul ; on est deux ; on est trois : « — Encore une tournée ?... Allons ! c'est la mienne ! » — Dîner. — De l'appétit ? — Oh ! pour le coup, non ! cette fois-ci plus du tout : bouche pâteuse, estomac barbouillé ! — Café, eau-de-vie. — Coucher. Peu de sommeil ; cauchemars ; nuit fiévreuse. Ainsi Jacques ne s'alimente plus. Et il dort mal. Comment voudriez-vous que la machine continuât à fonctionner ? Voyons ? que diriez-vous d'un cheval qui, ayant tous les jours trente ou quarante kilomètres à fournir, demeurerait songeur et triste devant la mangeoire pleine, sans toucher à son avoine ?... Pourtant, comme il faut tout de même fabriquer de la vie et produire de la force avec quelque chose, l'ami Jacques, tous les jours, insidieusement, prend un peu sur sa propre substance, sur ce que nous avons appelé l'autre jour (vous vous souvenez ?) son capital de vie. Il se mine. Il s'use. Il maigrit. Mais il a de l'amour-propre. Il veut rester bon ouvrier. Il se roidit.

Une parenthèse, mes amis. Jacques (vous avez assez de bon sens pour le juger sévèrement), est en train de se tuer tout doucement. Entendu ! Mais est-ce qu'il ne fait de mal qu'à son corps ? J'imagine qu'il fait aussi un très grand mal à sa bourse. Comptons. Comptons sans rien exagérer.

Trois petits verres... mettons....fr.	0,45
Deux absinthes..........................	0,60
Deux cafés avec eau-de-vie............	0,80
Total....fr.	1,85

Ce chiffre est modeste. Beaucoup de publications ont donné le budget-alcool d'un ouvrier parisien — j'entends d'un ouvrier alcoolique. Tous ne le sont pas, grâce au ciel ! Il en est de sobres : vous autres ! j'ose l'espérer. Toujours est-il que, parmi les budgets qu'on a publiés, beaucoup, — presque tous, — sont plus enflés que celui-ci. Tout de même, l'ami Jacques laisse tous les jours trente sept sous et tous les mois cinquante-cinq francs (chiffres minima) au cabaret. Cela fait six cent soixante-six francs par an. Et notez que je ne compte pas ici les dépenses extraordinaires et autrement coûteuses des dimanches et des jours de fête. Allons, nous pouvons bien évaluer à sep cents francs par an l'argent dépensé par Jacques, pour quoi ? — pour introduire du poison dans sa pauvre carcasse. Oui, tous les jours, d'une façon continue, obstinée, il verse dans son corps plusieurs centaines de grammes d'alcool, — plusieurs centaines de grammes, — vous entendez bien, quand nous avons vu qu'un seul gramme était suffisant pour tuer roide un animal (petit, cela est vrai) et que cinquante grammes mettaient à mal un chien de taille ordinaire. Si ce n'est pas là un suicide lent, alors je me demande, en vérité, qu'est-ce qui pourra bien mériter ce nom. Ah ! il faut, pardieu ! que la machine humaine ait une fière résistance.

Mais puisque nous en sommes, en ce moment-ci, à la question budget, mettons que Jacques, l'un dans l'autre, gagne 1.500 francs par an. Au cabaret, il laisse donc 700 francs. Avec ses sept cents francs, faites donc le compte, je vous prie, de ce qu'on pourrait acheter de lait, de fromage, d'œufs, de pommes de terre, de pain et de viande ! Faites donc le compte de ce qu'on pourrait acheter de vêtements ! — Jacques loge dans un taudis, qu'il a pris en horreur. Mais il pourrait avoir un logis salubre, confortable et riant. Il pourrait y mettre quelques jolis meubles. Il pourrait acheter quelques livres. Il pourrait mettre un peu d'argent à la caisse d'épargne en vue de son mariage prochain... que sais-je, moi ?

Sans compter (question sociale cette fois) que Jacques n'est pas seul, hélas ! de son espèce. Il y a des milliers et des milliers de Jacques qui, tous les ans, donnent 700 francs à des marchands de poison. Quelles sommes ! Quelle vicieuse circulation de la fortune publique ! — Je crois qu'on a compté qu'il se vendait en France, chaque année, pour cent vingt-huit millions de francs d'alcool.

Joli denier ! qui fait écarquiller les yeux à Martin. Martin est un homme de grand sens : il pense que ces 128 millions (dont une grande partie, dit-on, va aux distillateurs allemands), feraient beaucoup mieux dans la poche des bonnes femmes françaises, qui, une ou deux fois par semaine, s'en vont au marché pour vendre leurs œufs, leur beurre et leurs légumes. — Je pense comme Martin.

Hein ? les paysans, çà vous touche, cela ? Moi je trouve que cette grosse masse d'or, en grande partie c'est à la culture qu'on l'enlève et à la terre, à la terre qui produit ce qui se mange, ce qui nourrit, — et dont l'estomac du travailleur a autrement besoin, pour réparer ses forces, qu'il n'a besoin de poison. On compte qu'il y a en France, quelque chose comme quatre millions d'individus intéressés directement ou indirectement à la vente et à la consommation de l'alcool. Ah ! certes, je ne leur veux point de mal ; mais enfin que voulez-vous ? ils ne m'intéressent que médiocrement tous ces gens-là. Il y a des portions de notre pays qui me paraissent beaucoup plus intéressantes. Et, vraiment, il faut, pour que la population enrichisse un aussi grand nombre de marchands de poison, qu'un immense accès de folie se soit emparé des citoyens. On a de la peine à concevoir une aussi phénoménale collection de dupes.

Revenons à notre soldat, à celui qui, se trouve donc au milieu de nous, et dont je suis en train de tirer la simple — et tragique — horoscope. Revenons à Jacques.

Jacques fait ce que font la plupart des hommes aux environs de la trentaine : il se marie. Depuis six ans, qu'il boit (sans s'être jamais enivré, car c'est un alcoolique, mais ce n'est point un ivrogne) Jacques a introduit dans la masse de son sang, à raison de 300 grammes par jour (c'est un chiffre modeste, mes amis,) la quantité effrayante de 654 kilogrammes d'alcool -- plus de sept hectolitres. Tout son corps est profondément imprégné d'alcool. C'est comme un filtre, si vous le voulez, qui aurait éliminé la plus grande partie des liquides absorbés, la plus fluide, la moins nocive ; et qui aurait retenu, profondément incrustées dans les organes internes de l'appareil, les portions les moins liquides, les moins subtiles, les plus toxiques. Car cela est un fait que tout l'alcool ingéré n'est point éliminé. Il se fixe, en partie, dans les tissus ; il y demeure ; ou, pour mieux dire, ce qu'il y a en lui de plus toxique y demeure. L'autopsie l'a révélé : toutes les essences empoisonnées, toutes les huiles que contiennent les alcools et les liqueurs, s'insinuent profondément dans les cellules, comme l'huile sur une lame de bois ou sur un morceau de feutre. Oui, on a ouvert des cadavres d'alcooliques. Et l'on a constaté que leur foie, leurs poumons, leur cœur, leurs reins, leur cerveau surtout avaient peu à peu filtré et emmagasiné le poison alcool. Il y a des images dans les corridors : regardez-les : à côté des organes sains, vous verrez, tout sanguinolents, tout congestionnés d'injections et de suffusions sanguines, les organes empoisonnés des alcooliques.

Le corps de Jacques est donc empoisonné à fond. Et voilà le cadeau (car la bourse est plate et les économies qu'on eût pu faire ont passé au cabaret) que l'ami Jacques apporte à sa fiancée.

La veille, (et peut-être l'avant-veille) des noces, on a commencé à boire. Le jour du mariage, on boit plus encore. Le lendemain, la fête recommence ; et un peu aussi le surlendemain. Bref, notre nouveau marié est comme une éponge saturée et imbibée de vin, de tabac, d'alcool et d'absinthe.........................

....

Ici, mes amis, tâchons d'être sérieux. L'heure est grave. Je trouve même que, dans la vie d'un être humain, elle est solennelle. Je n'ai donc pas envie de rire. Et je n'ai pas le dessein de vous égayer, en évoquant ici des images scabreuses. Nous ne sommes plus des écoliers ; nous sommes des hommes ; tâchons de parler comme des hommes. Et, au fait, je ne vois pas du tout ce qu'il pourrait y avoir de risible dans le spectacle de cette pauvre carcasse, lézardée, minée, insidieusement et secrètement touchée, s'approchant le soir des noces, du corps sain de la jeune femme.

J'ai bien dit : heure solennelle. Car, c'est dans le moment que l'homme procrée, dans le moment qu'il fabrique un être, c'est dans ce moment-là, à coup sûr, qu'il fabrique du bonheur, ou qu'il prépare, au contraire, ce qui sera, dans l'avenir, le drame futur de sa destinée. Heur ou malheur ? Honneur ou honte ? Bonheur ou malheur de la mère, des enfants, des petits-enfants, de toute la race ?... Ah ! je ne vois pas du tout qu'il y ait le mot pour rire dans un aussi émouvant problème !... Et comment voudriez-vous, je vous le demande, que d'une éponge brûlée et toute imbibée de poison sortît un germe sain? Est-ce que vous conserveriez et sèmeriez la graine d'un épi malade ou d'une plante potagère mal venue et souffreteuse ?

Savez-vous ce qu'il fait le soir de ses noces, le malheureux Jacques, qui n'a encore, jusqu'ici fait de mal qu'à soi-même ? — Une chose, en somme, à faire frémir. Car il engendre de la maladie, de la folie et du crime. Il travaille pour le cimetière, (eh ! oui, il ne faut pas avoir peur des mots), pour l'hôpital, pour la maison de correction, pour l'hospice d'aliénés et pour la cour d'assises.

La science a prouvé (ah ! la preuve n'était pas difficile à faire !) que les *enfants procréés pendant l'état d'alcoolisme* étaient frappés à coup sûr ; que c'étaient de pauvres êtres tarés d'avance et perdus ; qu'ils seraient un déchet certain et un déchet coûteux, — dans la famille, dans la société et dans la patrie.

La voilà donc à tout jamais franchie cette étroite petite marge que j'ai dit qui séparait le bonheur du malheur ? Et voilà la vie de notre pauvre camarade décidément lancée sur un prologue de tragédie... Pauvre femme, pauvre mère, pauvre enfant !... et pauvre Jacques !... ah ! oui nous pouvons bien le plaindre, lui aussi.

Car, neuf mois après son mariage, le nouveau-né que Jacques élève au bout de ses bras et qu'il contemple curieusement (si tant est qu'il daigne le prendre et le regarder et que son vice n'ait point tué en lui la fibre paternelle), est un pauvre petit être rabougri et raté. On aura grand peine à élever ce marmot-là. La mère, seule à s'en occuper et à l'élever, passera plus d'une nuit. Indifférent ou hostile : tel sera le père. Et la femme de l'alcoolique apprendra vite ce que c'est que les larmes, qu'avait à peu près ignorées la jeune fille. Ah ! elle n'a pas fini de pleurer ! Elle en versera des pleurs, au cours de sa pauvre vie, qu'elle a été assez folle pour unir à la vie d'un malade, d'un égoïste !

Six ou sept ans ont passé. Le bambin commence à aller à la Maternelle et à l'Ecole. Déjà, il offre aux yeux d'un observateur tous les stigmates de la dégénérescence. Cet enfant-là, presque à coup sûr, vous savez qu'il sera à moitié paralytique, convulsionnaire, épileptique, scrofuleux, rachitique : voilà pour le physique. Au moral, l'enfant sera vicieux, menteur, hypocrite, inégal, révolté. De bonne heure, il sera de la graine de vaurien et de propre à rien. Il aura un penchant précoce pour l'alcool ; il a ça dans le sang ; c'est héréditaire. Il ne respectera pas son père (qui ne sera d'ailleurs guère respectable) ; il le craindra comme une bête malfaisante et injuste ; peu à peu, il le haïra. D'ailleurs, ce pauvre petit voyou malfaisant, mal venu, mal élevé, va se mettre rapidement à haïr la vie, à haïr tout le monde, à haïr la société, — à nuire. Ses mauvais instincts, ses tares physiques et sa débilité mentale le feront chasser des écoles et des ateliers d'apprentissage. Gibier de maisons de correction : voilà ce qu'il est. Plus tard, au régiment, (si on le trouve encore digne de s'asseoir au milieu de braves gens comme vous autres, et si on ne l'envoie pas d'emblée aux bataillons d'Afrique), il sera, au bout de quelques semaines, le soldat taré que je sais bien ; que je ne veux point nommer ; une des célébrités de la cellule, connues par tous les soldats ; un de ceux dont on dit presque à coup sûr, dès les premières semaines : « toi, mon gaillard, tu n'en as pas pour longtemps à demeurer parmi nous ; tu iras aux compagnies de discipline ». — Est-ce vrai ?

Et si Jacques, au lieu d'un fils a une fille !... Ah ! Dieu sait les calamités qui l'attendent celle-là : — l'abandon, le vice précoce, la prostitution, le trottoir (eh ! oui, continuons à ne pas avoir peur des mots, quand ils correspondent à des réalités prouvées par tant de chiffres, que je pourrais vous dire,... mais à quoi bon ?).

Mettons que le soldat Jacques, en quelques années de mariage, ait eu quelque chose comme quatre enfants... Faut-il poursuivre devant vous la description lamentable de cette pauvre nichée ? Est-ce la peine ? Le premier-né de Jacques était un enfant taré : vous m'accordez cela, n'est-ce pas ; les conditions dans lesquelles il a été engendré rendent la chose si évidente ! Et notre homme a eu cet enfant-là avant trente ans. Mais, les autres enfants ? — Il les a eus entre sa trentième et sa quarantième année, alors que décidément tout-à-fait adonné à son vice, il était devenu, en pleine maturité (hein ? est-ce dommage ?) une sorte de vieillard avant le temps, usé, ruiné, à moitié ramolli et gâteux, — voilà pour le physique ; — et, au moral, un pauvre être humain dégradé et démoralisé, d'énergie et de volontés nulles, d'intelligence affaiblie et obtuse, étranger à ses devoirs publics et à ses devoirs privés, irritable, mélancolique, orgueilleux, inquiet, maniaque, paresseux et débauché, brutal, détraqué, violent, à moitié fou,... et souvent fou furieux... je ne finirais pas.

Et j'ai donné à Jacques quatre enfants seulement. J'ai été raisonnable. Il n'est point rare de trouver, chez les alcooliques, des familles beaucoup plus nombreuses : sept à huit enfants. Or, tous les sociologues disent que les enfants des alcooliques constituent de véritables musées pathologiques. Ce n'est pas moi qui le dis. — Ce n'est pas moi qui dis — ce sont les statistiques qui nous apprennent — que sur 2.192 cas de tuberculose observés dans un seul hôpital, il avait été établi que 1229 cas devaient être attribués à l'alcoolisme. Ce sont les statistiques qui nous apprennent qu'en France, 150.000 personnes sont tuées chaque année par la tuberculose. Chiffre effrayant. C'est comme si notre pays se trouvait saigné périodiquement par une guerre continuelle. Or, la moitié, à peu près, de ces tuberculeux condamnés à mort sont des alcooliques ou des hérédo-alcooliques. — Ce sont les statistiques qui nous apprennent, — ce n'est pas moi qui vous le dis — que sur 9 français qui meurent, il y en a un au moins, qui est détruit par l'alcoolisme. Un sur neuf ! Ainsi, sur 150 hommes que vous êtes ici, il y en aurait donc 16 qui seraient un jour la proie du minotaure ! 16 qui devraient prendre garde à eux ! 16 sur lesquels planerait cette menace terrible ! — Vous voyez, mes amis, si j'ai raison de vous avertir ; si j'accomplis, en ce moment, un devoir particulièrement sacré. Puissiez-vous croire ce qu'on vous dit ! puisse cette proportion effrayante tomber à zéro, en ce qui concerne notre petite communauté !

Mais je poursuis. Ce sont les statistiques qui disent que, depuis 20 ans, depuis qu'on boit beaucoup d'alcool, les cas de folie ont augmenté d'un tiers. Ce sont les statistiques qui disent que, sur 100 crimes, il y en a 80 qui sont commis par des alcooliques. Ce sont les statistiques qui disent que la courbe de la prostitution suit rigoureusement la courbe del'alcoolisme...

Que voulez-vous que deviennent les enfants du camarade Jacques, sinon des tuberculeux, des épileptiques, des fous, des criminels ou des prostituées ? Je ne l'invente pas, moi. Cela est écrit partout. Tous ces innocents (eh ! oui, ce sont des innocents, et c'est bien cela qui est si triste !) ont toute sorte de chance de venir se placer d'eux-mêmes dans l'une ou l'autre des colonnes ouvertes sur les états des statisticiens et des sociologues.

Allez donc un jour, si vous en avez l'occasion, dans certains quartiers de Paris, où l'on boit une quantité d'alcool particulièrement considérable. Allez-y. Allez assister à la sortie d'une « Maternelle ». Vous verrez-là des ribambelles de gosses : — l'espoir ! de notre race... Vous apercevrez (oui, cela est vrai ; et il le faut dire à l'honneur de l'ouvrier parisien) quelques beaux enfants, « drus et forts », comme je le disais l'autre jour, roses, éveillés, aux yeux pétillants de vie et d'intelligence : — ce sont les enfants des ouvriers laborieux et sobres, des ménages unis et prospères. — Mais combien verrez-vous aussi de pauvres petits êtres, précoces et tristes comme des vieillards ! combien verrez-vous de pauvres petites figures souffreteuses ! de pauvres visages de moribonds ! d'yeux cernés ! de visages patibulaires ! de corps rachitiques ! de cous srofuleux ! — Tout cela : — enfants d'alcooliques ! Pauvre graine pour l'avenir, pauvre graine de citoyens, de soldats, de maris et de pères ! Tous ces innocents-là expieront durement plus tard, la tache originelle, la tache dont le père a marqué à jamais le petit corps le jour de sa naissance. Je n'aurais pas le courage de lire dans ce qui sera leur avenir, hélas ! à tous ces innocents-là... Mais ce qu'en tout cas je puis dire, ce que je souhaite ardemment, du fond de mon cœur, c'est que vos enfants, à vous mes soldats, ne ressemblent point à ces lamentables petits êtres, aux enfants de Jacques, aux enfants des milliers et des milliers de Jacques, qui s'empoisonnent et se suicident avec insouciance, — avec veulerie, — et presque toujours avec tristesse, — dans notre pauvre patrie...

... Mais, un instant, laissons Jacques. Tout-à-l'heure, nous en finirons avec lui.

Je vois là, tout près, un soldat qui me regarde en s'agitant. Et je comprends bien qu'il aurait une objection à me faire. Il n'ose pas.

Moi, j'ose. J'ose exprimer l'objection que je devine. La voici :

« — Excessif ! le tableau du capitaine... Les enfants des alcooliques ne naissent pas, mon Dieu ! dans d'excellentes conditions. Soit. Nous l'accordons. Mais tout de même, je connais, moi qui suis fils et petit-fils de vigneron, un bonhomme de quatre-vingts ans qui ne boude pas devant un petit verre d'eau-de-vie. Je le connais bien, c'est mon grand-père. Et je vous réponds qu'il a bon pied bon œil... Et, par conséquent, le capitaine exagère. »

Telle est l'objection. Oh ! je la connais. Ces phrases-là, ou des phrases toutes pareilles, je les ai entendues vingt fois, cent fois. — Dans tous les mondes. — C'est le grand cheval de bataille de ceux qui sont entêtés dans leur passion : le passé excusant et justifiant le présent. Nous vîmes jadis Coupeau finir dans le *delirium tremens*. Et l'on nous montre le vieillard de quatre-vingts ans, un verre d'eau-de-vie à portée de sa main. Voilà le dyptique. Il faut choisir. Ma foi, l'on se détermine suivant son penchant. L'alcool, c'est assez tentant. Buvons !

Oui, voilà l'objection. C'est une arme assez dangereuse, je le reconnais. Examinons-la.

A l'heure qu'il est, c'est un fait, on voit partout, dans toutes les auberges, dans tous les cafés, dans toutes les maisons particulières, des bouteilles contenant de l'alcool, de l'absinthe et des liqueurs. Et le jeune homme de vingt ans n'en cherche pas plus long. C'est comme çà aujourd'hui ; — c'est que c'était comme çà autrefois. Pourquoi le passé aurait-il été différent du présent ? On boit, on boira ; — on a bu. De tout temps. Ce qui n'a pas fait de mal à nos grands-pères, pourquoi çà ferait-il du mal aux petits-fils ? — Misères insignifiantes, fléau anodin, calamité puérile que l'alcoolisme, puisque l'espèce humaine a traversé tous ces prétendus maux et qu'elle est parvenue jusqu'à nous, tant mal que bien, — plutôt bien, puisqu'enfin nous vivons.

Et voilà, mes amis, précisément où est l'erreur. Elle est grossière. Et elle est un peu simplette. Mais il y a tant d'indifférents, ou tant d'ignorants, ou tant de gens qui ne veulent pas voir plus loin que le bout de leur nez, et qui, s'ils voient un peu ce qui se passe aujourd'hui, voient très peu ce qui se passait hier, et pas du tout ce qui se passait avant-hier !...

Autrefois, on ne parlait pas du fléau alcool ? — Mais, pour une bonne raison ? C'est qu'autrefois il n'y avait pas de fléau alcool. Ce n'est pas du tout un fléau du temps jadis : c'est un fléau d'aujourd'hui. Le grand-père de quatre-vingts ans a un petit verre d'eau-de-vie à la main... Mais, depuis quand ? Autrefois, il n'y avait pas non plus de chemin de fer, ni d'électricité ; et notre civilisation n'était point industrielle... Industrielle !... Ma foi, je ne cherchais pas de rapprochement de mots. Mais voilà bien l'occasion de remarquer qu'autrefois il n'y avait point d'alcool industriel... Il y a un siècle, mes amis, l'on ignorait, dans le grand public, ce que c'était que l'alcool, industriel ou non. On ne distillait point. On ne buvait pas du tout d'alcool. On se contentait des produits de la nature.

On a commencé à distiller dans la première moitié du siècle dernier. Et à distiller du vin, n'oublions pas çà. Et je ne veux pas vous assommer avec des chiffres, mais ceux que j'ai là sont tellement éloquents qu'il faut pourtant que je vous les dise. Il faut bien que je vous dise que, si de 1840 à 1850, on distillait 115.000 hectolitres d'alcool de vin en moyenne, en 1883, on n'en distillait plus que 14.678 ; — il faut bien que je vous dise que si, entre 1840 et 1850, on ne distillait que 40.000 hectolitres de mélasse, par contre, en 1883, on en distillait 650.637 hectolitres ; — que si, entre 1840 et 1850, on ne distillait que 500 hectolitres d'alcool de betteraves, on en distillait, en 1883, 629.998 ; — etc... Et rassurez-vous, je m'arrêterai là, en fait de chiffres.

Revenons maintenant à quelqu'un que j'accorde qui est fort intéressant : à notre bonhomme de quatre-vingts ans. Les chiffres et les dates que je viens de dire (et que je vous prie de croire que je n'ai point inventés), qu'est-ce qu'ils prouvent ? D'abord, ils prouvent que le père de notre beau vieillard (né en 1825) n'avait jamais bu d'eau-de-vie au moment où il a procréé. Très important, çà ! Car notre vieux est né avec des organes tout neufs, rigoureusement nets; pas une goutte de poison dans ses artères ; rien que du sang — un sang riche et pur. Notre vieux s'est marié... mettons vers 1855. A ce moment-là, il n'avait pas encore bu beaucoup d'eau-de-vie (ce n'était point encore entré dans les mœurs) ; et, le peu d'eau-de-vie qu'il avait bu était de l'eau-de-vie de vin. D'alcool industriel, point. Qui est-ce qui a donc commencé à boire de l'alcool industriel, à savoir un poison violent fortement mélangé de furfurol ? — Ah ! nous y arrivons : c'est le fils de ce beau vieillard de quatre-vingts ans, à savoir, le père de celui que je suppose être mon interlocuteur. Mon interlocuteur fait donc partie, oui ! de la génération dans laquelle se trouvent déjà beaucoup d'hérédo-alcooliques. La voilà, la génération qu'il s'agit de prévenir et de préserver ; voilà celle qui est née avec des organes très souvent empoisonnés ; — et c'est à cette génération-là tenez, qu'appartient Jacques, précisément.

Le vieux grand-père de quatre-vingts ans boit plusieurs petits verres par jour. Il s'empoisonne. C'est un fait. Mais, d'abord, il a hérité de son ascendance un corps intact et toute la somme de résistance de sa race, dont son ascendance n'a point eu à user. De plus, il ne s'empoisonne que depuis peu d'années, relativement à son grand âge. Au moment où il a procréé, il avait encore des habitudes de sobriété. Le père de ce grand père n'a jamais bu que du vin. Toute l'ancienne France n'a jamais bu que du vin ; cela est historique. Il y avait tellement de vin en France, autrefois, avant le philloxéra (qu'il faut bien que je nomme ici), que l'idée ne fût venue à personne de *fabriquer* du vin. Cette opération industrielle eût été beaucoup plus coûteuse que celle de la vendange. Or il n'y a que trente années que le philloxéra (une des grandes calamités françaises) détruisit les trois quarts de vos vignobles. C'est à ce moment-là — et à partir de ce moment-là seulement, — que l'on se mit à fabriquer ce qui manquait : à savoir, du vin. — Avec quoi le fabriqua-t-on ? Avec des alcools (oh! pas de vin, à coup sûr), avec des alcools de betteraves, de mélasse, de grains, etc... Et, une fois que fut inventé le produit de cette diabolique chimie, on se mit à fabriquer des liqueurs, des amers, absinthes, que sais-je ? Est-ce que vous vous imaginez, voyons ! que tous ces poisons-là ont l'âge de vos grands-pères ?

N'allez donc pas, répétant et n'écoutez pas ceux qui répètent :

« — Nos grands-pères ont bu et boivent ; ils

ne s'en portent pas plus mal ; nous faisons comme eux. »

L'objection à quoi je tenais tant à répondre n'a donc nullement infirmé ce que je vous avais dit ; au contraire, c'est à moi qu'elle a fourni un argument ; car je puis dire précisément en montrant ce beau vieillard (qui gâte par l'eau-de-vie une vieillesse superbe), je puis dire : « Voilà, tenez, ce que fut l'homme et ce qu'il serait sans l'alcool ».

Alcools, bouilleurs de crus (la loi est de 1875), philloxéra, vin artificiel, alcools industriels, invasion du marché par nos voisins qui distillent des pommes de terre : tout cela, mes amis, il faut que vous le sachiez, ce sont des faits contemporains ; les générations qui nous ont précédés sur la terre de France ; celles qui, laborieusement et peu à peu ont fait notre pays ; celles qui l'ont mis à la tête des nations du globe ; celles qui lui ont donné cet admirable relief intellectuel dont nous sommes si fiers : toutes ces générations-là ignoraient les produits des alambics et des cornues et elles se contentaient des produits de la bonne nature.

Revenons à Jacques. Il a mis au monde des

enfants empoisonnés. Quels seront, je vous le demande, les rejetons de ces rejetons ? Ce qu'ils seront ?... Ils ne seront pas, grâce au ciel ; ou, en tout cas, ils ne seront pas longtemps, car on a calculé qu'au bout de trois ou quatre générations une famille d'alcooliques avait entièrement disparu. — Perte sèche pour la Patrie. Perte en nationaux, en citoyens, en soldats. Et perte en argent.

Très grosse perte. Car, en attendant qu'elle ait disparu, la triste famille de Jacques, savez-vous bien qu'elle aura coûté diablement cher au pays? Savez-vous qu'elle aura coûté fort cher aux contribuables ? — Mais dites donc, mes amis, les contribuables, c'est moi, c'est vous. C'est de notre argent à tous qu'il s'agit ici. Il ne s'agit pas seulement du bonheur de l'intéressé. Il s'agit donc aussi de la bourse des autres ? Diable !... Ainsi, moi qui ne bois jamais, je subirai un dommage pécuniaire du fait d'un Jacques quelconque auquel il plaira d'aller s'empoisonner dans un assommoir ?... Eh ! eh ! mais voilà, pour le coup, qui me fait dresser l'oreille !... Que Jacques se suicide, ma foi ! après tout, c'est son affaire, tant pis pour lui. Mais que moi, par-dessus le marché, je paye ; que mes impôts soient plus lourds ; ah ! non, ça c'est inique !

C'est comme çà !

Comptons. — On évalue à un milliard trois cent quarante millions la valeur des journées de travail chômées par les alcooliques : — énorme brèche faite à la fortune publique. Pourtant, le budget des dépenses n'en est pas diminué d'un sou. Car une machine qui ne marche pas très bien coûte aussi cher à entretenir et à alimenter — plus cher ! — qu'une autre qui fonctionnerait très bien. — Qui donc bouchera cet énorme trou résultant (pour des causes économiques diverses) de la perte de plus d'un milliard ? Dame ! c'est nous ; c'est les sobres ; ceux qui travaillent ; ceux qui ne chôment point, n'étant point ivres. Ce sont toujours les mêmes qui se font tuer, c'est bien connu, çà ; et toujours les mêmes qui montent la garde.

Presque tous les détenus sont alcooliques : qui est-ce qui paye tout ce coûteux appareil de répression ? — c'est nous.

Presque tous les aliénés (au moins les trois

cinquièmes d'entre eux) sont alcooliques : qui est-ce qui paie ? — c'est nous.

Une bonne partie des tuberculeux, des rachitiques, des scrofuleux qu'on soigne dans les hôpitaux et qui y meurent sont des alcooliques : —qui est-ce qui paie pour les soigner, les droguer, les enterrer ? — c'est nous.

Qui est-ce qui paie pour les enfants assistés ? qui est-ce qui paie la police de la prostitution et les soins qu'on donne aux prostituées, filles d'alcooliques et alcooliques elles-mêmes ? Qui est-ce qui alimente le budget de l'Assistance publique ? qui est-ce qui supporte les frais occasionnés par les nombreux suicides qui déciment principalement les gens détraqués par l'alcool ? — C'est nous ! c'est toujours nous ! — Ah ! il n'y a pas à dire, les alcooliques nous coûtent cher. Ce ne sont pas seulement des gens dangereux ; ils sont coûteux. C'est une de nos lourdes charges. Charge stérile ! On est heureux de payer pour élever, pour instruire, pour armer, pour défendre, pour embellir. L'argent dépensé pour les alcooliques est de l'argent jeté à l'eau : — c'est le vôtre, n'oubliez pas ça.

Et il y a aussi, mes bons amis, des choses qu'il est impossible d'évaluer en argent : ce sont les deuils privés, la diminution du prestige national, la brêche faite au capital intellectuel et au capital d'énergie physique du pays, la diminution du chiffre moyen de la vie en France, l'accélération de la dépopulation... que sais-je ? moi.

Vous devez bien comprendre, vous autres, futurs contribuables, que si, au lieu d'être en France 38 millions d'habitants, nous étions quelque chose comme 50 millions, le chiffre des dépenses ne serait pas accrû sensiblement, mais que, par contre, le chiffre des perceptions serait réparti entre un bien plus grand nombre de bourses.

Ainsi, l'alcoolique, non valeur sociale, est une très lourde charge sociale... Ah ! mais, il commence à nous ennuyer cet individu-là ! Tant qu'il ne faisait du mal qu'à lui-même, nous demeurions assez indifférents ; mais voilà qu'il en fait à nous : nous sommes sévères. Au diable Jacques et son vice !

J'en finis avec Jacques... avec ce Jacques dont l'image anonyme plane en cette chambrée, et auquel,c'est entendu,personne ne veut ressembler,

Cette fois, Jacques est devenu un ivrogne. Il chôme très souvent. Il a une réputation déplorable à l'usine. Et il se trouve d'ailleurs enfermé dans un cercle vicieux. Car, mésestimé et peu assidu à l'atelier, il gagne moins. Au logis, où ses charges se sont accrues, il apporte chaque semaine un peu moins d'argent. Chez lui, c'est la misère noire. Comme son intérieur dénué lui fait horreur, il vit de plus en plus au dehors. Son salon, c'est l'assommoir.

Sa femme l'a pris en dégoût, puis en aversion. Elle a été souvent battue comme plâtre. Elle a versé toutes les larmes de son corps. Elle est lasse. Elle est à bout de résistance morale. Pour essayer de retenir son homme à la maison, elle a acheté de l'absinthe. C'est elle qui l'offre à son mari. Et elle s'est mise à boire, elle aussi ; quand on est ivre, on laisse boire les enfants (!)

Le mariage est désemparé. La famille est disloquée et croûle. Les enfants, abandonnés, appartiennent à la rue ; ce sont des vagabonds. La femme de Jacques, décidément lasse de lutter, est descendue à la mendicité ; et, si elle l'a pu, hélas ! si l'on a encore voulu d'elle et de son pauvre corps, à la prostitution. Ah ! c'est elle que je plains ! Comme la réalité est donc différente du rêve qu'elle avait fait étant jeune fille ! Cette femme-là est la victime de l'homme. L'homme a failli à ses devoirs les plus sacrés. Il s'est perdu : tant pis pour lui ! mais il a perdu un autre être humain, celui à qui il devait aide et protection : sa conduite est celle d'un lâche.

Et c'est la fin, mes amis. Après, il n'y a plus rien. Il ne peut plus rien y avoir, rien que l'hôpital, l'asile d'aliénés, la correctionnelle, ou le suicide. A la fin d'une tragédie comme celle-là, il ne reste plus personne : le poison a tout détruit. Le véhicule fragile que je montrais tout-à-l'heure cheminant sur le sentier difficile de la vie, abritant et convoyant le bonheur du ménége, a décidément versé ; il est en miettes... dans la boue.

J'ai terminé et j'ai confiance. Je ne crois pas, aujourd'hui encore, avoir tout à fait perdu mon temps. Vous avez compris une chose : c'est que les paroles que j'ai dites, ce n'est pas le capitaine, l'officier, le militaire qui les a prononcées : — c'est l'ami. Que, dans l'avenir, dans un avenir que je ne verrai point, il y ait ou non des Jacques, encore un coup, qu'est-ce que cela peut me faire ? — Il est vrai que j'ai incidemment parlé de la patrie. Mais, dites donc ! il ne peut être indifférent à personne de faire partie d'une nation grande, intelligente, forte, peuplée, glorieuse et inviolable, Chaque individu est un personnage intrinsèquement d'autant plus considérable qu'il fait partie d'une communauté plus considérable. On aime mieux appartenir à une famille de gens propres qu'à une famille de repris de justice. C'est une vérité de La Palice, ça.

Mais j'ai surtout parlé de vous. J'ai surtout pensé à vous. Cette conférence morale (puisqu'enfin « conférence morale » il y a) est proprement celle des égoïstes. C'est, oui, j'ose le dire, aux égoïsmes qu'elle s'adresse, à l'instinct de conservation, à l'amour que chacun a pour soi, pour sa santé, pour son bonheur.

Et je finis encore sur ce mot de bonheur qui plane au-dessus de tout ce que je vous ai dit.

FIN

Chaumont, 24 novembre 1904 — 1er avril 1905.

TABLE DES MATIÈRES

A la même Librairie

Dans la même Collection :

Pierre **Baudin**. — **L'armée moderne et les états-majors**. 5ᵉ édition. Paris, 1905. 1 vol. in-12........................ 3 fr. 50

Georges **Duruy**. — **L'officier éducateur**. — **Leçons faites à l'Ecole polytechnique**. 3ᵉ édit. Paris, 1904. 1 vol. in-12. 3 fr. 50

Dʳ **Legrand**, médecin-major au 3ᵉ dragons. — **L'officier hygiéniste**. Paris, 1906. 1 vol. in-12........................ 3 fr. 50

Commandant Edmond **Ferry**. — **Un règlement moderne**. — Essai sur le règlement de manœuvres de l'infanterie du 3 décembre 1904. Paris, 1905. 1 vol. in-12........................ 1 fr. 50

Commandant F. **Duponchel**, chef de bataillon breveté au 89ᵉ régiment d'infanterie. — **Rôle social de l'officier dans l'éducation physique**. Paris, 1902. 1 vol. in-12........................ 2 fr.

Infanterie. — **Méthodes de commandement**, d'éducation et d'instruction; par le général H. **Bonnal**. 2ᵉ édition. Paris, 1902. 1 vol. in-8 avec carte et croquis........................ 6 fr.

Général **Kessler**. — **Tactique des trois armes**. 2ᵉ édition. Paris, 1904. 1 vol. in-8........................ 8 fr.

Colonel **Ardant du Picq**. — **Études sur le combat**. Combat antique et combat moderne. Nouvelle édition. Préface de M. Jules.... Paris, 1903. 1 vol. in-12 avec portrait........................ 3 fr. 50

Colonel **Maillard**. — **Éléments de la guerre**. 1ʳᵉ partie : *Marches, stationnement, sûreté*. Paris, 1891. 1 fort vol. gr. in-8 avec figures dans le texte et un atlas comprenant 28 grandes planches.... 12 fr.

La guerre napoléonienne. *Précis des campagnes*; par le commandant **Camon**, professeur d'art militaire à l'Ecole d'application de l'artillerie et du génie. Paris, 1902. 2 vol. in-8 avec cartes et croquis........................ 8 fr.

Solutions des thèmes tactiques donnés aux examens d'admission à l'Académie de guerre de 1886 à 1903; par le colonel allemand **Hauschild**, détaché au grand état-major ottoman, professeur à l'Ecole d'état-major ottomane. Traduit de l'allemand par le capitaine P. Corthys, du 140ᵉ régiment d'infanterie. Paris, 1905. 1 vol. in-8 avec 16 cartes........................ 4 fr.

Trente problèmes tactiques à l'usage des candidats à l'École de Saint-Maixent, ainsi que des chefs de section, des officiers de réserve, des sous-officiers, des dispensés, etc.; par le lieutenant Adrien **Balédent**, du 104ᵉ rég. d'infanterie. Paris, 1905. 1 vol. in-8. 3 fr. 50

Paris. — Imprimerie R. Chapelot et Cᵉ, 2, rue Christine.

www.ingramcontent.com/pod-product-compliance
Ingram Content Group UK Ltd.
Pitfield, Milton Keynes, MK11 3LW, UK
UKHW021847190726
13855UKWH00001B/195

9 782012 883